Schwanger... und jetzt?

Arbeitsheft

Cornelia Kaminski
Aktion Lebensrecht für Alle e.V.

Schwanger… und jetzt?

Arbeitsheft

Autorin:
Cornelia Kaminski

Der Gegensatz von Liebe ist nicht Hass,
der Gegensatz von Hoffnung ist nicht Verzweiflung,
der Gegensatz von geistiger Gesundheit und von
gesundem Menschenverstand ist nicht Wahnsinn,
und der Gegensatz von Erinnerung
heißt nicht vergessen,
sondern es ist nichts anderes als jedes Mal die Gleichgültigkeit.

1. Auflage, 1. Druck 2023 © Cornelia Kaminski
Herstellung und Verlag: BoD – Books on Demand, Norderstedt
ISBN 9783741222825

Das Werk und seine Teile sind urheberrechtlich geschützt. Jede Nutzung in anderen als den gesetzlich zugelassenen Fällen bedarf der vorherigen schriftlichen Einwilligung der
Aktion Lebensrecht für Alle, ALfA e.V., Kitzenmarkt 20, 86150 Augsburg. www.alfa-ev.de

Ideen und Texte auf S. 6-7: Barbara Büchs, Ursula Fehlner, Wilhelm Schwartz, Martina Vollmann – Autoren der ersten Schulmaterialien der ALfA („Schwanger mit 16?")

Inhaltsverzeichnis

Modul I: Ein neues Leben?

1. Plötzlich schwanger   3
Eine junge Frau erfährt, dass sie schwanger ist – wie geht sie damit um?
Wie passt eine überraschende Schwangerschaft in die bisherige Lebensplanung? Welche Erwartungen lassen sich noch erfüllen, welche nicht?
Wie reagiert ihr Umfeld?

2. Das Leben vor der Geburt   7
Wann beginnt das Leben des Menschen? Was sagt das Gesetz?
Wie entwickelt sich das Kind im Mutterleib? Was kann es wahrnehmen, was kann es bereits tun?

3. Ist das ein Mensch?   11
Zellhaufen? Mensch? Person? Menschenwürde?

Modul II: Leben. Aber ganz anders

1. So habe ich entschieden   13
Wie entscheiden Frauen? Was führt zu der Entscheidung?

2. Guter Rat, gute Beratung?   16
Was heißt eigentlich Beratung? Was tut gut, was nicht?

3. Pro-choice vs. pro-life: Die Argumente   18
Recht auf sexuelle Selbstbestimmung vs. Recht auf Leben?
Recht auf Abtreibung vs. Schutz des Lebens?
Welche Positionen vertreten die Befürworter einer liberalen Abtreibungsregelung?
Was sind die dahinterstehenden Interessen?

Modul III: Das Leben danach

1. Problemlöser Abtreibung?   21
Wie geht man selbst, wie geht das Umfeld mit einem Schwangerschaftsabbruch um?
Welche Konsequenzen ergeben sich?

2. Männer und Abtreibung   27
Wie gehen Männer damit um?
Ist Vaterschaft eine Verantwortung? Eine Wahl?

3. Das medizinische Personal   30
Erfahrungen aus der Praxis

Modul IV: Anders als andere

1. Leben mit einem besonderen Kind — 33
Beispiel Down-Syndrom: Wie lebt man mit einem extra Chromosom?

2. Inklusion statt Selektion? — 35
Wie geht unsere Gesellschaft mit Menschen um, die aufgrund einer Behinderung „aus dem Rahmen fallen"? Was läuft gut, was läuft schief?

3. Das solltest du wissen — 37
Infos und Fakten rund um den Menschen mit Down-Syndrom

Anhang

1. Überblick über die Rechtslage in Deutschland — 38

2. Informationen über staatliche Leistungen für Schwangere und Eltern — 40

3. Nicht-staatliche Hilfsangebote — 45
Verzeichnis von Beratungs- und Hilfsangeboten

Ein neues Leben?

Ein neues Leben?

> In diesem Modul versuchen wir Antworten auf folgende Fragen zu finden:
> Was geht in einer Frau vor, die ungeplant schwanger wird?
> Welche Reaktionen des Umfelds sind denkbar?
> Wann beginnt menschliches Leben?

1 **Mein neues Leben….**

a) Beschreibt das Bild. Was geht euch bei Betrachtung dieses Fotos durch den Kopf?

b) Arbeitet zu zweit: Einer von euch schreibt die Gedanken auf, die der Mann gerade haben könnte, der andere die Gedanken der Frau. Tauscht eure Zettel aus, lest die Gedanken und haltet kurz fest, wie ihr über die Gedanken des anderen denkt.

c) Gibt es in eurem Bekannten- oder Verwandtenkreis junge Eltern mit Baby? Welche Erfahrungen haben sie gemacht, welche Erfahrungen habt ihr damit gemacht?

Plötzlich schwanger

 2 **Fallbeispiele**

a) Bildet Gruppen zu viert oder fünft. Lest die Fallbeispiele und sucht euch eines aus.

Janine

Noch sieben Monate bis zum Realschulabschluss! Den Ausbildungsplatz hatte ich schon in der Tasche. Endlich unabhängig sein – eigenes Geld, vielleicht zu Hause ausziehen, mehr Freiheit, weniger Kontrolle.
Und dann das: Als das Kondom platzte, dachte ich noch, naja, wird schon nichts passiert sein. Dann blieb meine Regel aus und ich besorgte heimlich in einer anderen Stadt einen Schwangerschaftstest. Mein Freund Marc war dabei, als sich das Röhrchen färbte: schwanger. Wir saßen wie betäubt eine Stunde wortlos da. Dann ging er erstmal.
Ich wollte zuerst meine beste Freundin anrufen, aber ich hatte Angst vor ihrer Reaktion – so wie ich Emma kannte, hätte ich mir ein „Wie blöd bist du eigentlich?" anhören müssen. Nicht böse gemeint, aber auch nicht das, was ich jetzt gebrauchen konnte.
Mit meinen Eltern reden? Oh Mann. Die

freuten sich doch genauso darauf, dass ich ausziehen wollte wie ich. Endlich wieder das Haus für sich alleine... Ich wusste echt nicht, was ich tun sollte. Ich hatte Angst vor Vorwürfen, davor, mit meinen Gedanken allein zu sein. Meine Klassenlehrerin fiel mir als einzige ein – die habe ich angerufen und um ein Gespräch gebeten.

Marie

Mein Mann, ein Einzelkind, ich, ein Einzelkind. Wir hatten unseren Tom. An mehr als an dieses eine Kind hatten wir nie gedacht. Nach der Elternzeit habe ich gekündigt – Tom sollte genauso wie mein Mann und ich die Liebe und Fürsorge der Mutter sozusagen ganztags genießen können.
Mit nur einem Gehalt mussten wir uns schon einschränken. Aber wir hatten trotzdem angefangen, auf einem ererbten Grundstück zu bauen. Das bedeutete nochmal finanzielle Opfer – aber Tom sollte in einem Haus mit Grundstück aufwachsen können und alles haben, was wir zwei Einzelkinder auch hatten – oder mehr. Ich hatte mich gerade an die neue Sparsamkeit gewöhnt, da hatte ich den Verdacht, wieder schwanger zu sein. Den Tag werde ich nie vergessen.

Ich brachte Tom zur Oma. Dort sollte er warten, bis ich mit dem Befund vom Arzt zurück war. Mein Mann wollte uns nach der Arbeit abholen. Alles war, wie ich befürchtet hatte. Ich war schwanger und in Panik. In dieser finanziellen Situation konnten wir uns doch kein zweites Kind leisten! Uns noch mehr einschränken! Was jetzt?

Teil 1: Plötzlich schwanger

Lena S.

Ich war seit drei Jahren mit Michael zusammen. Jeder von uns ging seiner Arbeit nach, die Freizeit verbrachten wir weitgehend gemeinsam. Das doppelte Einkommen ermöglichte uns eine schicke Wohnung in München, schöne Reisen, einen gehobenen Lebensstil, den wir beide genossen. Von Heiraten oder gar Kindern wollte Michael überhaupt nichts wissen und ich schob den Gedanken beiseite. Manchmal dachte ich schon daran, dass es schön wäre, ein Kind zu haben – und das nicht nur, weil meine Mutter bei jedem Besuch wissen ließ, dass sie fand, wir müssten heiraten, und dass sie gern Oma werden würde. Und nun war ich schwanger. Tagelang sagte ich niemandem etwas davon, sondern trug den Gedanken wie ein schönes Geheimnis mit mir herum. Einige Tage später überraschte mich Michael strahlend mit bunten Urlaubsprospekten: Kenia – ein Traumurlaub! Da musste ich wohl nun mit meiner Neuigkeit herausrücken. Alles lief so ab, wie ich es befürchtet hatte: Ich wollte unser Kind, er verlangte die Abtreibung.

Ich packte ein paar Sachen zusammen und ging. Michael hielt mich nicht zurück. Mit rot verheulten Augen stand ich, den Koffer in der Hand, vor der Tür meiner Eltern. Meine Mutter nahm mich in den Arm, zog mich herein und sagte: „Komm schon, alles nicht so wild." Es wurde dann aber doch wild. Ihre Lena schwanger – ohne Trauring! Was denn die Leute im Dorf sagen würden! Wie ich mir das denn vorstelle! Und überhaupt: Wo soll das Kind denn hin, während ich arbeite? „Hast du dir mal überlegt, was da auf dich zukommt?" In dieser Nacht lag ich lange wach und dachte nach.

b) Diskutiert in eurer Gruppe folgende Fragen:
- *Welche Möglichkeiten gehen der Betroffenen wohl durch den Kopf?*
- *Welche Folgen hätten die unterschiedlichen Möglichkeiten für sie?*
- *Welche Hilfen / Ratschläge würdest du ihr als Berater/in (Freund/in, Mutter) anbieten?*
- *Welche Hilfen könnte sie sich wünschen?*

3 Rat-schläge?

a) *Diskutiert, wie diese Aussage gemeint sein könnte. Trifft sie auf eure Diskussion zu?*
b) *Was muss passieren, damit Ratschläge nicht als Schläge empfunden werden?*

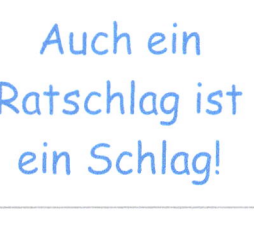

Auch ein Ratschlag ist ein Schlag!

Teil 1: Plötzlich schwanger

4 Rollenspiel: Der Fall Janine N.

Janine (16):
Bald bin ich mit der Schule fertig – endlich! Als erstes wollte ich mit Anna zusammenziehen. Das wird toll, dachte ich: eigenes Geld, Freiheit… keiner sagt mir, wann ich zu Hause sein muss. Und jetzt das. Kind heißt: Nie wieder ausgehen. Nicht genug Geld. Keine Ausbildung. Vielleicht muss ich sogar zu Hause wohnen bleiben. Und Marc? Der hat sich das Leben nach der Schule bestimmt auch anders vorgestellt…

Janines Mutter (47)
17 Jahre bin ich jetzt vor allem Hausfrau und Mutter gewesen, jetzt wird es Zeit, dass Janine auf eigenen Füßen steht und ich endlich mehr an mich denken kann. Ich will mich fortbilden und dann in meinen alten Beruf als Rechtsanwaltsgehilfin einsteigen, wieder eigenes Geld verdienen und nicht mehr so abhängig sein.

Marc, Janines Freund (18)
Im Sommer mache ich mein Abitur und dann erstmal ein FSJ. Was ich dann studiere, überlege ich mir in der Zeit. Und am Wochenende treffe ich mich mit Freunden und Janine; abhängen, Computerspiele, Fußball. Zum Studium werde ich etwas weiter wegziehen, aber das macht nichts, wir haben ja die Wochenenden.

Janines Vater (49):
Kinder kosten ja wirklich eine Menge Geld. Gut, dass Janine jetzt mit der Schule fertig wird und einen Beruf erlernt, mit dem sie sich selber finanzieren kann. Ich muss auch an meine Rente denken, alles wird immer teurer, die Versicherungen, die Lebenshaltungskosten. Das ist mit einem Gehalt kaum noch zu schaffen. Schön, wenn meine Frau wieder arbeiten geht, das erleichtert vieles.

Anna, Janines Freundin (17)
Mit Janine verstehe ich mich echt super, wir machen fast alles zusammen. Wir wollen uns auch zusammen bewerben nach der Schule, vielleicht bei der Bank oder in einem Industrieunternehmen, auf jeden Fall zusammen. Wir wollen uns auch eine gemeinsame Wohnung nehmen, wenn Marc sowieso FSJ macht. Das wird super!

Mögliche Spielszenen:
1. Szene: Janine spricht mit ihrer besten Freundin und/oder mit Marc.
2. Szene: Janine bittet ihre Eltern um ein Gespräch.
3. Szene: Gespräch zwischen Janine und ihrer Klassenlehrerin.
4. Szene: Die Eltern von Janine und Marc treffen sich (mit/ohne Kinder).
Auswertung: Was muss passieren, damit Janine Mut zum Kind bekommt? Wer hat hier besonders wichtige Rollen? Wie könnte ihre Umgebung Janine helfen?

Das Leben vor der Geburt

1 Wann beginnt das Leben des Menschen?

a) *Lies die nebenstehende Erklärung für „Leben". Auf welche der untenstehenden Begriffe trifft diese Definition eher zu, auf welche nicht?*
Blastozyste – Eizelle – befruchtete Eizelle (Zygote) – Fötus – Embryo – Samenzelle – Baby – embryonale Stammzelle

b) *Beschreibe die Grafik und erläutere, was sie darstellen könnte. Welche(n) der Begriffe aus der Liste kannst du dazu nutzen?*

„Es ist nicht ganz einfach, genau zu sagen, was Leben ist – aber es gibt Dinge, die unbedingt dazu gehören, wenn man von einem Lebewesen spricht. Lebewesen haben einen eigenen Stoffwechsel, d.h., sie nehmen Nährstoffe auf und verarbeiten sie. Sie wachsen und verändern sich, und können sich auch von einer Generation zur nächsten weiterentwickeln. Mit anderen Worten: Durch ihre grundsätzliche Fähigkeit, sich fortzupflanzen, erhalten sie einerseits ihre Art, andererseits entwickeln sie diese aber auch weiter. Lebewesen empfangen Signale aus ihrer Umwelt wie Licht, Wärme oder Berührung und reagieren darauf, z.B. mit Bewegung. Das menschliche Leben zeichnet sich zudem dadurch aus, dass es einen menschlichen genetischen Code (DNA) hat. Die DNA eines Menschen ist das Programm, das eine befruchtete Eizelle zu einem Baby heranwachsen lässt, und das die weitere Entwicklung dieses Babys steuert. Augenfarbe, Haarfarbe, Geschlecht – das ist in der DNA bereits festgelegt."

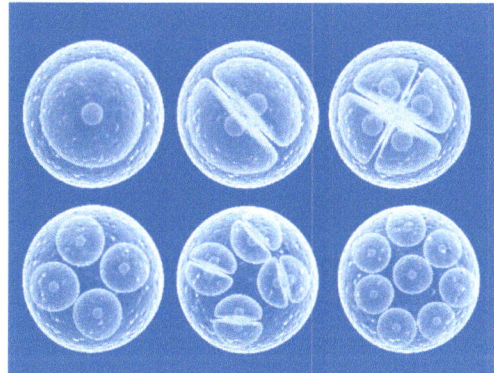

2 … und was sagt der Gesetzgeber?

Grundlage für die Rechtsprechung in Deutschland ist unsere Verfassung - das Grundgesetz. Wenn Zweifel darüber aufkommen, ob ein Gesetz mit dem Grundgesetz vereinbar ist, wird das Bundesverfassungsgericht angerufen. Im Grundgesetz heißt es:

„**Die Würde des Menschen ist unantastbar. Sie zu achten und zu schützen ist Verpflichtung aller staatlichen Gewalt.**" **(Art. 1 Abs. 1 GG)**

Die Frage, ab wann ein Mensch ein Mensch ist, beschäftigt auch den Gesetzgeber. Er ist dafür verantwortlich zu definieren, ab wann ein Mensch Rechte hat oder schützenswert ist. Eine Reihe von Urteilen des Bundesverfassungsgerichts und Gesetzen beschäftigen sich daher damit.

a) *In welchen Gesetzestexten erwartet ihr eine Aussage darüber, ab wann ein Mensch ein Mensch ist?*

b) *Welche Rechte sollte ein Mensch vor der Geburt haben?*

Die vorgeburtliche Entwicklung

1. bis 4. Schwangerschaftswoche
Ungefähr in der 3. Woche kommt es zur Befruchtung, denn in der Gynäkologie und Geburtshilfe werden die Schwangerschaftswochen („p.m." = post menstruationem) der Einfachheit halber ab dem 1. Tag der letzten Menstruation der Frau gerechnet. Die Mutter weiß noch gar nicht, dass sie schwanger ist – aber es steht bereits fest, ob sie ein Mädchen oder einen Jungen erwartet. Bereits mit der Verschmelzung der jeweils 23 Chromosomen der Mutter und des Vaters bei der Befruchtung entscheidet sich nicht nur das Geschlecht, sondern die gesamte genetische Veranlagung des gemeinsamen Kindes – Augen- und Haarfarbe, Größe, Aussehen... Innerhalb der ersten zwei Wochen nach der Befruchtung geht die Zellteilung rasend schnell vonstatten – aus zwei winzigen Keimzellen wird ein Embryo, bei dem jede einzelne Zelle bereits ihre spezifische Aufgabe und Bestimmung hat.

5. Schwangerschaftswoche
Mit kaum 2 Millimetern ist der Embryo winzig, fängt jedoch schon an, seine Form deutlich zu verändern. Er hat sich in die Länge gezogen, Kopf und Rumpf werden angelegt. Auch die Anlage anderer wichtiger Organe wie Niere und Leber beginnt. Das Neuralrohr, das später Gehirn und Rückenmark verbindet, schließt sich in dieser Woche.

6. Schwangerschaftswoche
Eine Woche später hat der Embryo seine Größe schon verdoppelt. Hals und Kopf sind erkennbar, wobei der Kopf viel zu groß erscheint. Arme und Beine werden sichtbar und sein kleines Herz beginnt zu schlagen. Der Embryo entwickelt sich von oben nach unten. Aber weil der Kopf so groß ist, kann man schon die ersten Gesichtszüge mit den Anlagen für Augen und Ohren erkennen. In dieser Woche bilden sich auch die Hals- und Brustwirbel, aus denen später der Brustkorb entsteht.

7. Schwangerschaftswoche
Nur eine Woche später hat der Embryo schon wieder einen Millimeter zugelegt – und das macht er von nun an erstmal jeden Tag. Neben dem Gesicht, in dem jetzt deutlich Augen, Nase und Mund erkennbar sind, können nun auch erste Ansätze des Gehirns entdeckt werden. Die Haut des Embryos ist noch ganz dünn und durchscheinend, weswegen die Adern deutlich sichtbar sind. Arme und Füße sind erkennbar, auch wenn sie noch aussehen wie kleine Paddel. Da der Embryo in dieser Woche seine ersten Muskelstränge bildet, kann er damit aber schon recht gut im Fruchtwasser schwimmen.

> **Hättest Du das gedacht?**
>
> Der frühestgeborene Mensch Europas ist die in Fulda geborene Frieda – sie kam bereits in der 22. Schwangerschaftswoche im Jahr 2010 zur Welt und entwickelt sich seitdem gesund.

8. Schwangerschaftswoche
Der Körper des Embryos nimmt eindeutig menschliche Züge an. Er ist etwa 15 Millimeter groß, Fingerchen und winzige Zehen sind erkennbar, sein Köpfchen richtet sich langsam auf und im Ultraschallbild sind die schnellen Schläge des kleinen Herzens gut zu erkennen. Die Organe, die in den letzten Tagen angelegt wurden, übernehmen ihre Funktion: die Nieren produzieren Urin und der Magen Magensäure. Ab Ende der 8. Woche heißt der Embryo „Fötus".

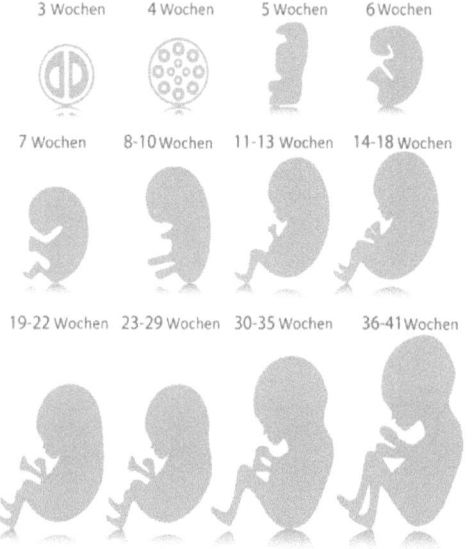

9. und 10. Schwangerschaftswoche:
Die erste Entwicklungsphase ist gut überstanden – die inneren Organe entwickeln sich in dieser Zeit vollständig. Das Gehirn wird nun von den Schädelknochen bedeckt und wächst nicht nur stetig, sondern fängt auch an, seine Arbeit aufzunehmen, genauso wie die Nervenzellen des Fötus. Erste Sinneseindrücke wie Gefühle, helles Licht und Schmerzen können wahrgenommen werden.

11. und 12. Schwangerschaftswoche:
Der neue kleine Mensch hat jetzt alle lebenswichtigen Körperteile: Von den Zahnwurzeln bis zu den Fußnägeln ist alles vorhanden. Sein ganzer Körper ist von feinen, schützenden Härchen bedeckt. Seine Haut ist zwar noch immer transparent, wird aber zusehends dicker. Das Baby ist etwa fünf Zentimeter lang und wiegt ca. 16 Gramm. Es kann die Lippen bewegen, Fruchtwasser schlucken (und davon Schluckauf bekommen!), die Fäuste ballen, den Kopf und die Füße drehen und davon so müde werden, dass es gähnen muss.

13. und 14. Schwangerschaftswoche
Das Baby hat richtig zugelegt: es ist acht Zentimeter groß und wiegt bis zu 43 Gramm. Spätestens jetzt funktionieren sowohl der Hand-Greif-Reflex als auch der Saugreflex: Das Baby kann am Daumen lutschen. Und mit den deutlich sichtbaren Konturen des Gesichts, zu denen neben Lippen, Ohren und Kinn jetzt auch Augenbrauen und Wimpern gehören, lassen sich sogar Grimassen schneiden.

15. und 16. Schwangerschaftswoche
Dank der vollständigen Entwicklung des Halses kann das Baby den Kopf bewegen und auf Geräusche reagieren, die es jetzt wahrnehmen kann. Die Organe sind fast vollständig ausgebildet und funktionsfähig – jetzt geht es darum, dass der kleine Mensch wächst und Fett einlagert.

20. Schwangerschaftswoche
Aus dem winzigen Embryo ist schon ein munteres Baby von 300 Gramm und ca. 20 cm Größe geworden, das mit Strampeln und Rudern jeden Tag deutlicher auf sich aufmerksam macht – manchmal tritt es so heftig von innen gegen die Bauchwand, dass man es deutlich von außen sehen kann. Aber mit ruhiger Musik und sanften Geräuschen lässt es sich ganz gut beruhigen.

3 Von der befruchteten Eizelle zum Baby

a) *Arbeite mit einem Partner. Übertragt die folgende Tabelle in euer Heft und nutzt die Informationen auf S. 9 und 10, um sie zu vervollständigen.*

b) *Lies im Internet nach, was in der zweiten Hälfte der Schwangerschaft (ab der 20. Woche) passiert. Halte die Informationen in Stichpunkten nach Monaten fest (6.bis 9. Monat). Ab wann ist das Kind außerhalb des Mutterleibs überlebensfähig?*

SSW	Fähigkeit / Entwicklung	Aussehen
1.bis 4.	Späteres Aussehen liegt fest, z.B. Augenfarbe	Winzige Zellen
5 ...		

4 Hättest Du's gewusst?

Was weißt du über den Verlauf einer Schwangerschaft?

Schwanger werden ist gar nicht so einfach

Die Wahrscheinlichkeit, schwanger zu werden, liegt in einem Menstruationszyklus bei 20 bis 30 Prozent – und das auch nur dann, wenn alle Voraussetzungen optimal sind und der Geschlechtsverkehr an den fruchtbaren Tagen stattfindet. Diese sind etwa vier bis fünf Tage vor dem Eisprung und sowie ein bis zwei Tage danach - insgesamt also nur an wenigen Tagen im Monat.

Männer können einen positiven Schwangerschaftstest haben

Der Schwangerschaftstest weist im Urin das Hormon beta-HCG nach. Dieses Hormon bilden Frauen in den ersten Wochen der Schwangerschaft. Es regt den Gelbkörper des Eierstocks dazu an, das Hormon Progesteron zu bilden, das die Schwangerschaft erhält. Auch bei Männern kann dieses Hormon mit einem Schwangerschaftstest nachgewiesen werden – allerdings ist das dann ein Hinweis auf einen Hodentumor, der ebenfalls dieses Hormon produziert. Also ab zum Arzt!

Wer schwanger ist, braucht neue Schuhe

Das stimmt nicht immer – aber doch oft genug: Bei manchen Frauen nimmt die Schuhgröße während der Schwangerschaft um eine ganze Nummer zu.

5 Zellhaufen? Mensch? Person? Menschenwürde?

Diese Fragen werden immer dann gestellt, wenn die Existenz eines Menschenlebens einen Konflikt auslöst – so wie bei einer ungeplanten Schwangerschaft.

a) Fasst die folgenden Positionen in euren eigenen Worten kurz zusammen.

b) Wo seht ihr Stärken, wo Schwächen der Argumentation? Wo gibt es Widersprüche?

Christian Hillgruber: Mensch, aber nicht Person?

Jeder Mensch ist kraft der Anerkennung seiner Würde (Art. 1 Abs. 1 GG) zugleich Person. Jeder Versuch, zwischen Menschsein und Rechtspersönlichkeit zu differenzieren, widerspricht dieser Grundentscheidung. Würde haben heißt niemals und nirgends völlig rechtlos dastehen. Jeder Mensch bringt einen Grundbestand an unverletzlichen und unveräußerlichen Menschenrechten (Art. 1 Abs. 2 GG) als rechtliche Grundausstattung mit, weil er Mensch ist, nur weil er Mensch ist. Man wird dazu jedenfalls das Recht auf Leben rechnen dürfen, das überhaupt erst die (Fort-)Existenz garantiert. Dass ausnahmslos jeder Mensch würdebegabt und daher grundrechtsberechtigt sein soll, erscheint so manchem „unglaublich": Da könnte ja jeder kommen! Doch genauso ist es: Jeder kann kommen und (...) ist Mitglied der Rechtsgemeinschaft, von Anfang an und bis zuletzt. Genau dies, nicht mehr, aber auch nicht weniger verspricht Art. 1 Abs. 1 GG.

Prof. Dr. Christian Hillgruber, Bonn. Gastkommentar für den Bayernkurier, Ausgabe vom 7.8.2004

Dieter Birnbacher: Mensch, aber keine Würde?

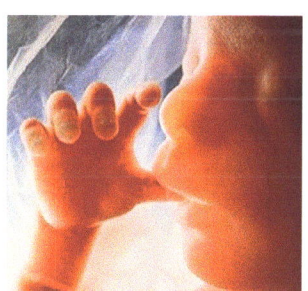

Man kann zwar den Satz des Bundesverfassungsgerichts in seinem Urteil von 1975 gelten lassen: „Wo menschliches Leben existiert, kommt ihm Menschenwürde zu" (BVG 1975: 41), nicht aber die Auffassung, dass damit auch schon etwas über den Lebensschutz beim vorgeburtlichen menschlichen Leben gesagt ist. Nicht mit der Vernichtung ist Menschenwürde unvereinbar, sondern mit krassen Formen der Instrumentalisierung zu fremden Zwecken (die die Vernichtung einschließen kann, aber nicht muss). Deshalb ist das Menschenwürdeprinzip für eine Reihe von experimentierenden und forschenden Umgangsweisen mit werdendem menschlichem Leben relevant, nicht aber – zumindest nicht in der Regel – für den Schwangerschaftsabbruch, bei dem der Embryo oder Fetus vernichtet, aber nicht zum Gegenstand fremdnütziger Manipulation und Verwertung gemacht wird.

Dieter Birnbacher: Instrumentalisierung und Menschenwürde. Philosophische Anmerkungen zur Debatte um Embryonen- und Stammzellforschung. Jahrbuch der Heinrich-Heine-Universität Düsseldorf 2001, 243-257

Teil 3: Ist das ein Mensch?

Helmut Knett, Roland Pardon: Nur eine Ansammlung von Zellen?

In so frühem Stadium liegt nur eine Ansammlung von Zellen vor, die noch nicht im Entferntesten leidensfähig, geschweige denn bewusstseinsfähig ist, und damit noch nichts Menschliches an sich hat. Dem Fötus wächst erst im Prozess der Reifung allmählich menschliche Qualität zu, und erst mit der Geburt wird er vollends zum Rechtssubjekt. In der Zeit zwischen Befruchtung und Geburt durchläuft der Fötus ein Kontinuum, in dem die Abwägung seiner Rechte mit der weiteren Reifung immer schwerer wiegt. Was kann in dieser Situation Maßstab der Gesetzgebung sein? Die vage bestimmte Menschenwürde und eine keineswegs mehr allgemein anerkannte theologische Tradition? (…) Die biologischen Tatsachen können nicht vorschreiben, wie etwas rechtlich zu handhaben ist.

Helmut Knett und Roland Pardon: Diskussion: Pro & Contra Präimplantationsdiagnostik. Mitteilungen der Humanistischen Union 21410/2011, S. 31

Ab wann ist ein Embryo ein Mensch?

Wie unterschiedlich die Auffassungen sind, hat jetzt ein Beitrag des Senders "Arte" verdeutlicht, der Teil eines Themenabends zur Stammzellforschung war: Aus katholischer Sicht etwa ist menschliches Leben von Anfang an – vom Zeitpunkt der Befruchtung – unantastbar. Deshalb wird von Katholiken die Forschung an adulten statt an embryonalen humanen Stammzellen favorisiert.
Ähnlich ist es für Muslime. Für sie sind Embryonen etwas Heiliges. Es besteht kein Zweifel darüber, dass ein Embryo als Mensch betrachtet wird, wie Bassem Hatahet, Mitglied des Verbandes der islamischen Organisationen in Europa, sagt.
Ganz anders ist die Auffassung im jüdischen Glauben. Für Jonathan Guttentag, Mitglied der Europäischen Rabbi-Konferenz, beginnt das Leben erst im Mutterleib. Deshalb werden Embryonen vor der Implantation in die Gebärmutter als Präembryonen bezeichnet, die sich zu einem menschlichen Wesen entwickeln könnten – und das sind Embryonen in einer Kulturschale auch nach neun Monaten sicher nicht, so Guttentag. Nach einer In-vitro-Fertilisation (IvF) entstandene Embryonen seien per se noch keine menschlichen Lebewesen.

https://www.aerztezeitung.de/Panorama/Ab-wann-ist-ein-Embryo-ein-menschliches-Lebewesen-391256.html, abgerufen am 26.3.2023

Hättest Du's gewusst?

Herzschlag

Das Herz des Embryos beginnt ab der 6. Woche zu schlagen – man kann das Pochen im Ultraschall sogar hören. Es schlägt ungefähr 110 Mal pro Minute. Bis zur Geburt wird es ungefähr 54 Millionen Mal geschlagen haben. Wie schnell schlägt dein eigenes Herz im Ruhezustand?

Leben. Aber ganz anders. ||

Leben.
Aber ganz anders.

In diesem Modul beschäftigen uns diese Fragen:
Wie entscheiden Frauen sich im Schwangerschaftskonflikt? Wie kommen die Entscheidungen zustande? Was hilft, was schadet? Was spricht für, was gegen Abtreibung?

1 Alles steht Kopf

a) Beschreibt das Bild und die Situation und erklärt, was Maja mit „Termin" und „Problem" meint.

b) Welche Gefühle und Gedanken gehen Laurenz und Maja durch den Kopf?

c) Habt ihr Verständnis für Laurenz' Reaktion? Für Majas Reaktion?

d) Schreibt den Chatverlauf weiter: wie antwortet Laurenz, was schreibt Maja?

2 Mein Leben. Meine Entscheidung?

Eine Frau, die unerwartet schwanger geworden ist, wird nie wieder das gleiche Leben führen wie vorher – selbst, wenn sie das Kind durch Fehlgeburt oder Abtreibung verliert, bleibt die Erinnerung, die sich nicht auslöschen lässt. Die folgenden Geschichten sind wahr: sie erzählen von Frauen, die ihr Kind trotz Schwierigkeiten bekommen haben, und von solchen, die das nicht konnten.

Schaut euch die Geschichten an und überlegt gemeinsam mit einem Partner: Was wäre eurer Meinung nach die richtige Entscheidung gewesen?

Alex und Marie: Sie ist 24, er 25. Sie macht gerade eine Ausbildung, er ist Student. Ihr Gehalt sichert das Einkommen. Er weiß auch nicht genau, ob er überhaupt eine Stelle bekommen wird, wenn er mit seinem Studium fertig ist. Sowohl seine als auch ihre Eltern wohnen weit weg – zu weit, als dass sie helfen könnten. Da die beiden erst seit kurzem in dieser Stadt wohnen, haben sie noch nicht viele Freunde, die unterstützen könnten.

Sabrina: Sie ist 23 und nach einem One-Night-Stand schwanger geworden. Sie weiß nicht mal sicher, wie der Vater des Kindes heißt. Ihre Mutter sagt, sie würde sie unterstützen – egal, wie sie sich entscheidet. Freunde bieten ihr an, finanziell zu helfen, als Babysitter zur Verfügung zu stehen, das Baby sogar zu adoptieren.

Rebecca: Sie ist eine zierliche, alleinerziehende Mutter. Auf dem Weg zum Einkaufen wird sie eines Abends überfallen und vergewaltigt. In ihrem Land sind Abtreibungen verboten – lediglich sehr teure, illegale Abtreibungen, durchgeführt unter wenig sicheren medizinischen Umständen, sind möglich.

Lisa und Lara: Sie sind Zwillingsschwestern und 16 Jahre alt. Beide gehen noch zur Schule und haben keinen guten Kontakt zu ihren jeweiligen Freunden. Ihre Mutter ist todkrank und wird nicht mehr lange leben. Beide werden zur gleichen Zeit schwanger.

Vera: Sie ist 17. Ihre Eltern hatten sich gewünscht, dass sie nach dem Abitur ein Studium aufnehmen würde. Ihr Freund ist ein großartiger Sportler, unter anderem deshalb, weil er ab und zu Dopingpräparate nimmt. Als sie ihren Eltern von der Schwangerschaft berichtet, raten sie zur Abtreibung – die Präparate, so ihre Aussage, könnten zu einer Behinderung des Kindes führen.

Andrea: Sie ist Krankenschwester und liebt Kinder, er lehrt englische Literatur an einer Universität. Sie haben schon ein Kind. Bei einer Ultraschalluntersuchung stellt der Arzt fest, dass das noch nicht geborene Kind an Spina Bifida leidet – eine schwere Fehlbildung, die zu geistiger und körperlicher Behinderung führen kann.

Teil 2: Guter Rat, gute Beratung?

Guter Rat, gute Beratung?

3 Hättest Du's gewusst?

In welchen Situationen hast du Rat gesucht? Was hat dir geholfen, was nicht?

> In Deutschland (Stand 2023) gehört zu den Voraussetzungen dafür, dass eine Abtreibung straffrei bleibt, ein Beratungsgespräch. Dieses wird in anerkannten Beratungsstellen durchgeführt und bescheinigt. Die Beratung muss „ergebnisoffen" geführt werden, soll aber dem ungeborenen Leben dienen. Es gibt auch Beratungsstellen, die diese Scheine nicht ausstellen, hierzu gehören z.B. Beratungsstellen der katholischen Kirche. Das Gesetz schreibt vor, dass die Beratung „ergebnisoffen" zu führen ist und „von der Verantwortung der Frau" auszugehen hat. Die Beratung soll ermutigen und Verständnis wecken, aber nicht bevormunden.

4 Der gute Rat

a) Was erwartest du von einer guten Beratung in einer Schwangerschaftskonfliktsituation? Wählt aus der untenstehenden Liste aus und stellt eine Rangliste her – was ist besonders wichtig, was gar nicht? Begründet eure Entscheidung und diskutiert sie mit den anderen.

Informationen zu finanziellen Hilfen für Mutter und Kind	
Liste von Orten, wo abgetrieben werden kann	
Infos zu Abtreibungsmethoden	
Informationen über den Entwicklungsstand des ungeborenen Kindes	
Tipps für mögliche Erstattungen der Abtreibungskosten	
Hinweise über die Kosten einer Abtreibung	
Aufklärung über die gesundheitlichen Risiken von Abtreibungen	
Hinweise zu möglichen Spätfolgen, z.B. psychische Folgen von Abtreibungen	
Informationen über Alternativen zur Abtreibung, z.B. anonyme Geburt, Adoption	
Unterstützung bei Gesprächen mit Angehörigen, z.B. Vater des Kindes, Eltern	
Genaue Auskunft zur Rechtslage	
Empfehlungen bezüglich bestimmter Abtreibungsärzte oder -kliniken	
Detaillierte Informationen über den Ablauf des Verfahrens, je nach Abtreibungsmethode	
Liste von Stellen, die weitere Hilfen anbieten (finanziell, persönlich)	

Teil 2: Guter Rat, gute Beratung?

Beraterinnen erzählen

Bei vitaL, einer Telefonhotline für Schwangerschaftskonflikte, arbeiten ausgebildete Beraterinnen ehrenamtlich. Die folgenden Auszüge aus den Beratungsprotokollen sind vollständig anonymisiert.

Junge Frau, 24 Jahre, ruft weinend an. Ist verzweifelt. Der Schwangerschaftstest sei positiv. Sie wolle auf jeden Fall abtreiben. Ob wir auch beraten, wie man eine Abtreibung vornehmen lassen könne. Ich erkläre ihr den Vorgang und lasse sie erst mal zur Ruhe kommen. Gemeinsam berechnen wir, dass sie in der 4./5. Woche sein muss, und ich erkläre ihr, dass sie Zeit hat und nichts überstürzen muss. Ich frage nach ihrer Situation, im Hintergrund sind Kinder zu hören. Sie schildert ihre Probleme: Sie habe zwei Kinder, bei der älteren Tochter wurde Asperger-Syndrom diagnostiziert, das habe sie total geschockt. Die Tochter sei sehr ablehnend dem jüngeren Geschwisterkind gegenüber, weswegen sie nun ihr zuliebe das dritte Kind abtreiben wolle. Ich spreche über die Trauer, die manche Frauen nach einer Abtreibung empfinden, die sie anderen zuliebe durchgezogen haben und gebe ihr den Denkanstoß, dass vielleicht gerade dieses Kind später eine Hilfe und Freude für ihre älteste Tochter sein könnte. Ich versuche ihr Mut zu machen – oft sind die ersten Jahre mit Kindern besonders anstrengend und herausfordernd. Sie ist insgesamt eine fröhliche und sehr liebevolle Mutter, die sehr an ihren Kindern hängt und sie nicht allein lässt, auch nicht für ein gemeinsames Wochenende mit ihrem Mann. Diese Liebe und Fürsorge spreche ich noch einmal an und ermutige sie, sie auch für das dritte Kind zu erspüren.

Jonas, 16, möchte reden, seine Freundin (16) sei schwanger und will das Kind behalten, er fühle sich noch nicht reif dafür. Wir sprachen über Verantwortung, Reife, Wachsen mit den Aufgaben. Ich gebe ihm recht, dass das ein sehr früher Zeitpunkt für ein Kind ist - aber nicht dramatisch, weil beide Elternpaare zu ihren Kindern stehen und sie unterstützen wollen. Er meint, er könne sich eine dauerhafte Beziehung zwar vorstellen, hätte aber Sorge, dass das Kind für sie eher wie ein Spielzeug sei, weil sie so jung sind. Und er ist sich nicht sicher, ob er der Vater ist. Ich ermutige ihn, lange Gespräche mit ihr allein zu führen, wie sie sich die Zukunft vorstellen. Ich sage ihm, dass er offenbar eine starke Freundin hat, wenn sie sich so früh so klar für ihr Kind positioniert, und wie großartig ich es finde, dass er sich so viele Gedanken macht, seine Verantwortung ernst nimmt und auch von außen Rat erfragt. Er klingt beruhigter, bedankt sich und will sie gleich morgen anrufen.

Teil 2: Guter Rat, gute Beratung?

Die Anruferin (39 J.) hat im Internet recherchiert, da ihre Mutter (ca. 60) sie bedrängt, abzutreiben. So ist sie auf unserer Telefonnummer gestoßen. Sie ist in der 8. SSW. Sie hat 2 Kinder, ist alleinerziehend, kommt gut damit klar. Sie war bei „proFa", habe einen Schein und einen Termin für die Abtreibung in zwei Tagen, könne sich aber nicht entscheiden. Ihre Mutter schicke ihr laufend Nachrichten per WhatsApp, dass es oberste Priorität habe, dass „das weg muss". Sie habe ein schwieriges Verhältnis zu ihrer Mutter, fühle sich stets als „fünftes Rad am Wagen". „Kinder zerstören das Leben", so ihre Mutter. Anruferin sehnt sich danach, dass die Mutter sagen würde: „Wir unterstützen Dich". Sie selbst liebe ihre Kinder sehr, hatte schon zwei Fehlgeburten – Sternenkinder, die sie betrauert. Sie habe auch schon den Herzschlag dieses Kindes gehört. Ich frage sie, was sie denn bräuchte, um ein Ja zu ihrem Kind zu finden. Sie sagt, dass sie keine Angst vor der Verantwortung habe, aber vor dem Druck der anderen. Ich erkläre ihr das Unterstützungskonzept von vitaL und zähle auf, wie konkret geholfen werden kann. Sie hat Angst vor ihrer Mutter und kann sich nicht vorstellen, wie sie ihr gegenüber zu ihrer Entscheidung stehen kann. Ich schlage vor, dass ein Außenstehender ein Gespräch mit ihrer Mutter führt.

5 Mein Körper, meine Entscheidung?

a) Fasst die oben dargestellten Situationen in eigenen Worten kurz zusammen. Was macht es für die betroffenen Frauen schwierig, zu einer selbstbestimmten Entscheidung zu kommen?

b) Sammelt die Aussagen der Beraterinnen. Was hat den betroffenen Personen vielleicht geholfen?

c) Von Organisationen wie Pro Familia oder Bündnis für sexuelle Selbstbestimmung wird gefordert, die Beratung nicht mehr verpflichtend zu machen. Diskutiert das Für und Wider dieser Forderung.

6 Hättest Du's gewusst?

Welche Rechte, welchen Schutz hat die Schwangere? Welche hat der Vater des Kindes?

Nach einer Vergewaltigung sind weder Beratung noch Bedenkzeit für eine Abtreibung erforderlich – allerdings kommt das auch sehr selten vor: Es betrifft nur 0,02 % aller Abtreibungen. Das nennt man „kriminologische Indikation". Die meisten Abtreibungen erfolgen nach „sozialer Indikation", d.h., der Frau fehlen die Möglichkeiten, für ein Kind zu sorgen. Es gibt noch die medizinische Indikation: Sie erlaubt eine Abtreibung bis zur Geburt für den Fall, dass ein Arzt eine medizinische oder psychische Notlage der Schwangeren diagnostiziert. Das ist häufig bei festgestellter Behinderung des Kindes der Fall. Die Nötigung zur Abtreibung ist eine Straftat: Niemand darf eine Frau dazu zwingen oder sie dazu drängen, abzutreiben! Der Vater des Kindes hat allerdings auch nicht das Recht, seine schwangere Partnerin zur Austragung des Kindes zu zwingen.

Teil 3: Pro Choice vs. Pro Life: Die Argumente

Recht auf sexuelle Selbstbestimmung – Recht auf Leben

In der Auseinandersetzung um das Recht auf körperliche Selbstbestimmung einerseits und das Recht auf Leben andererseits prallen ganz unterschiedliche Perspektiven aufeinander. Wo die einen Freiheit und Autonomie für Grundrechte halten, denen andere Rechte unterzuordnen sind, halten die anderen das Recht auf Leben für das erste und wichtigste aller Rechte, dem die anderen nachgeordnet sind.

> Jedes Kind hat das Recht, erwünscht zu sein. Ich werde dem Kind niemals Liebe schenken können – eine Abtreibung wäre für alle Beteiligten wirklich das Beste. Eine Adoption kann man doch niemandem antun!

> Abtreibung ist nicht schlimm, sonst würden es nicht hunderttausende machen. Außerdem erlaubt es der Staat. Ich finde es ist sogar ein Recht, das hört man ja auch immer öfter: Recht auf Abtreibung.

> Der Embryo ist nur ein Zellhaufen, der erst noch ein Mensch werden muss. Das ist kein vollständiger Mensch und hat deswegen auch keine Menschenrechte. Ohne die Mutter wäre er ja gar nicht lebensfähig.

> Abtreibungen wird es immer geben. Wenn wir sie verbieten, machen es Frauen trotzdem – irgendwo im Hinterhof. Das ist so richtig gefährlich.

> Frauen müssen sich eigenverantwortlich für oder gegen ein Kind entscheiden dürfen. Das ist ihr Recht auf Selbstbestimmung. Ob Kind oder nicht, und wann ein Kind, das bestimmen Frauen allein. Mein Bauch gehört mir!

> Was ist denn, wenn eine Frau vergewaltigt wurde? Man kann ihr doch nicht zumuten, das Kind eines Verbrechers auszutragen?

> Ein Kind geht im Moment gar nicht – das schadet unserer Beziehung. Das akzeptiere ich nicht – wenn wir eine Zukunft haben sollen, dann nur ohne Kind. Jedenfalls jetzt.

> Ich bin noch in der Ausbildung. Ich habe weder Geld noch Zeit für ein Kind. Ich kann ihm auch nichts bieten – also treibe ich lieber ab. Dann kann ich weiterleben wie bisher.

Teil 3: Pro Choice vs. Pro Life: Die Argumente | II

> Es gibt keine gute Begründung dafür, einen anderen Menschen zu töten. Deswegen sind Abtreibungen auch nichts, was Ärzte oder Frauen gerne tun.

> Ein Lebewesen muss keine Person sein, um schutzwürdig zu sein. Tiere sind ja auch keine Personen und werden trotzdem geschützt.

> Es gibt so viele staatliche, kirchliche und private Hilfsangebote – die stehen Frauen finanziell und mit Rat und Tat zur Seite. Außerdem sollten die Freunde und Familie der Schwangeren mit in die Verantwortung genommen werden.

> Der Embryo ist ein vollständiger, wenn auch sehr kleiner Mensch, mit ganz eigener DNA, mit Gliedmaßen und Organen. Ab der fünften Woche schlägt sogar sein Herz. Er wächst und entwickelt sich – das macht ein Zellhaufen nicht.

> Man kann nicht etwas erlauben, nur weil die Menschen es sowieso machen und dann eventuell dabei zu Schaden kommen. Dann müsste man ja auch andere verbotene Dinge erlauben, wie z.B. Diebstahl oder Fahren ohne Führerschein.

> Wer Frauen wirklich eine Wahl lassen möchte, muss ihr zuerst aus ihrer Not helfen. Viel zu oft sind Frauen, die abtreiben, unter Druck und entscheiden überhaupt nicht frei.

> Heute leben viele Kinder bei nicht-leiblichen Elternteilen. Viele Paare wünschen sich sehnlich ein Kind und versuchen alles, eins zu bekommen. Für das ungeborene Kind ist es besser, adoptiert zu werden als zu sterben.

> Eine Frau hat zwar das Recht, über ihren Körper zu bestimmen, aber es ist nicht richtig, über den Körper eines anderen zu verfügen. Wir dürfen das Lebensrecht eines Menschen nicht davon abhängig machen, ob ein einzelner anderer Mensch ihn willkommen heißen will oder nicht.

7 Wir müssen reden!

a) *Arbeitet zu fünft und findet passende Paare von Argumenten und Gegenargumenten. Was überzeugt euch an dem jeweiligen Argument, was eher nicht?*

b) *Sucht im Internet nach Sendungen, in denen das Thema Abtreibung kontrovers diskutiert wird. Ergänzt eure Liste an Argumenten und nutzt sie, um eine eigene Podiumsdiskussion zu führen.*

c) *Entscheidet euch für eines dieser beiden Themen: „Schwangerschaftsabbrüche haben nichts im Strafgesetzbuch verloren" oder „Schwangerschaftskonfliktberatungen sind eine unzulässige Bevormundung der Frau". Je zwei von euch vertreten eine Position, einer übernimmt die Rolle des Moderators. Nutzt auch die Infos der folgenden Seite für eure Vorbereitung.*

Teil 3: Pro Choice vs. Pro Life: Die Argumente

8 Was kaum einer weiß…

Zahlen und Statistiken spielen bei den Debatten um Abtreibungen immer wieder eine Rolle. Schaut die Infographik an und diskutiert: Welche Zahlen überraschen am meisten? Welche sollten ergänzt werden? Welche Zahlen deuten einen Handlungsbedarf für die Politik an?

Laut Erfassung des Guttmacher Instituts entscheiden sich 74 % der Frauen auf Grund des Drucks durch das Umfeld für eine Abtreibung.

Das sind in Deutschland bei ca. 100.000 Abtreibungen pro Jahr ca. 74.000 Frauen.

In **35 %** der Fälle übt der Partner oder die Familie Druck aus, um die Abtreibung zu erzwingen.

Dank Antibiotika und besserer medizinischer Versorgung sind Abtreibungen immer sicherer geworden – lange bevor sie legal wurden. 1972, ein Jahr vor der Legalisierung von Abtreibungen, gab es in den USA **mehr Todesfälle** durch Fehlgeburten (47) als **durch illegale Abtreibungen** (39).

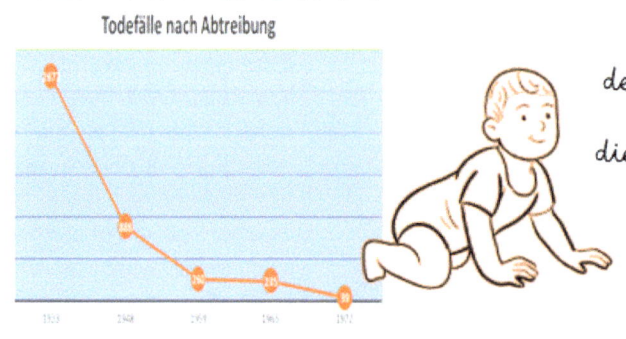

Todesfälle nach Abtreibung

1973 wurden in den USA **3.136.965** Kinder geboren, die niedrigste Zahl seit 1945.

Abtreibungen / 1000 Frauen 2020

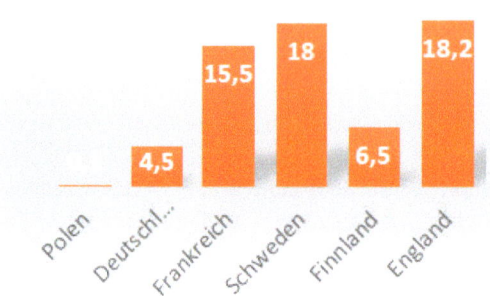

Polen — ; Deutschl… 4,5 ; Frankreich 15,5 ; Schweden 18 ; Finnland 6,5 ; England 18,2

Die restriktivsten Abtreibungsgesetze in Europa gibt es zur Zeit in Polen, Malta, Finnland – und Deutschland, wo Abtreibungen verboten, aber in der Regel straffrei sind. Frankreichs Präsident Macron möchte ein Recht auf Abtreibung in die französische Verfassung aufnehmen.

Das Leben danach

In diesem Modul beschäftigen uns mit diesen Fragen:
Wie geht es Frauen, die abgetrieben haben? Welche Gefühle entstehen – gleich danach, Jahre später?
Gibt es seelische oder körperliche Spätfolgen von Abtreibungen?
Wie gehen Männer mit der Erfahrung einer Abtreibung um?
Was ist mit dem medizinischen Personal, das mit Abtreibungen zu tun hat?

1 Alles auf Anfang?

a) Beschreibt das Bild: In welcher Situation befindet sich die junge Frau?
b) Welche Gefühle und Gedanken könnten ihr durch den Kopf gehen?
c) Zu einer Abtreibung werden Frauen oft von ihrem Partner, einer guten Freundin oder ihrer Mutter begleitet. Wie könnte ein Gespräch aussehen? Welche Unterschiede könnte es im Gesprächsverlauf geben – je nachdem, wer die junge Frau abholt?

Problemlöser Abtreibung?

Die folgenden Geschichten sind dem Dokumentarfilm *Leben danach: Erfahrungen nach einer Abtreibung* entnommen. Frauen berichten in diesem Film davon, wie sie ihre Abtreibung erlebt haben und wie es ihnen danach gegangen ist.

Judith

Judith ist 24, als sie schwanger wird. Ihr Freund hat gleichzeitig eine Beziehung zu einer anderen Frau. Für Judith steht sofort fest: Nein, dieses Kind kann ich nicht bekommen. Sie sucht eine Beratungsstelle auf, die ihr ohne weiteres Nachfragen einen Beratungsschein ausstellt. Auf mögliche seelische Folgen der Abtreibung wird sie nicht hingewiesen.

„Der Hammer war dann der Abbruch. Mein Freund hat mir die Hand gehalten. Ich bekam vier Spritzen in den Muttermund, aber trotz Betäubung hat das so abartig wehgetan. Ich hatte Krämpfe, es blutete. Das Absauggeräusch war grässlich, einfach furchtbar. Ich war erleichtert, als es dann weg war. Komischerweise hab' ich gefragt, „Was ist es denn?" Viele Frauen, mit denen ich geredet habe, stellen diese Frage, „Was war es denn", oder „Was ist es denn?" – das ist paradox irgendwie. Ich hab' es kaum jemandem erzählt. Meine Freundin wusste Bescheid, aber sonst hab' ich das mit mir allein ausgemacht. ... Ich war bei dem ersten Abbruch sehr erleichtert und hatte fünf Jahre später eine zweite Abtreibung. Danach war alles nur noch kalt und schwarz und Ohnmacht. Ich hab' dann zehn Jahre lang mein Herz abgeschlossen, war abgetrennt von Empfindungen – halt die *Coole*. Das hat mich dann eingeholt. Ich hab' jahrelang ganz bewusst vermieden, mir die Bilder anzuschauen, wie weit das Kindchen in der siebten Woche ist. Das mir zuzumuten hat zehn Jahre gedauert. Richtig eingeholt hat mich das Thema Abtreibung, als ich dann selber Mutter wurde. Schwangerschaft und Geburt – ich hab' mich auf sehr unsicherem Terrain bewegt. Als ich wusste, ich krieg das Kind auf jeden Fall, kam auch eine große Freude auf. Wenn ich vorher gewusst hätte, was mit mir passiert, dass ich krank darüber werde, hätte ich es nicht gemacht, und ich kann nur jedem raten, tu es nicht. Es ist fatal."

Martina

Martina hat bereits ein Kind, als sie wieder schwanger wird. Ihre Eltern sind klar gegen das Kind und drängen zur Abtreibung: Martinas Ehe sei ohnehin gescheitert, sie habe schon mit einem Kind Schwierigkeiten genug. Auch im Bekanntenkreis erfährt sie keine Unterstützung.

„Ich war einfach jung. Zu jung und vielleicht unerfahren und dumm. Mir war klar, dass ich mit einem zweiten Kind nicht sofort wieder würde, arbeiten gehen können. Vom Staat leben wollte nicht. Also war es der – „bessere" möchte ich nicht sagen – einfachere Weg. Der Schmerz ist da, man versucht ihn zu verdrängen irgendwo, weil auch wieder andere Dinge da sind, um ins Leben zurückzufinden. Aber es ist ein ganz schöner Einschnitt in meinem Leben gewesen. Es ist ein Einschnitt in deine Seele, und es ist nicht einfach, damit umzugehen."

Monika
Monika ist noch keine zwanzig, als sie eine Beziehung mit einem zehn Jahre älteren Mann beginnt. Zwei Monate später ist sie schwanger. Mit der Situation total überfordert, folgt sie dem Rat des Freundes und der Eltern, das Kind abzutreiben.

„Ein paar Monate später war dann der Zeitpunkt, wo mein Kind hätte geboren werden sollen. Ich habe dann Frauen mit einem Kinderwagen gesehen. Das war für mich sehr schlimm gewesen. Das war dann die Zeit, wo ich angefangen habe, innerlich so einen stummen Schrei zu hören. Keiner durfte mir was anmerken, das war das Allerwichtigste. Ich musste einfach schweigen – es durfte ja keiner merken. Aber wie es in mir aussah, das hat keiner gesehen. Ich hatte überhaupt keinen Menschen, ich war ganz  allein in dieser Situation. Es war überhaupt keine Hilfe von außen da, auch der Arzt, der meine Schwangerschaft festgestellt hatte, hat mich nicht gefragt, was ich jetzt machen wollte. Ich stand einfach auf der Straße. Über die Abtreibung konnte ich 34 Jahre nicht sprechen. Ich konnte auch das Wort „Abtreibung" überhaupt nicht aussprechen – ich konnte das nicht."

Danielle
Danielle arbeitet als Pferdepflegerin und Trainerin auf einem Hof in der Schweiz. Dort lernt sie auch ihren Freund Sebastian kennen. Schnell reden beide über eine gemeinsame Zukunft und können sich durchaus eine gemeinsame Familie mit Kindern vorstellen. Als Danielles Schwangerschaftstest positiv ausfällt, ist sie trotzdem von Gefühlen überwältigt.

„Ich konnte gar nicht klar denken. Ich war einfach überfordert. Ich habe mir schon sehr eine Familie gewünscht, aber nicht in dem Moment. Ich wollte das Kind eigentlich behalten, aber Sebastian war realistischer. Das größte Problem war das Geld: Ich dachte, du kannst doch kein Kind haben, wenn du dem nie etwas bieten kannst. Ich war dann bei einem Frauenarzt für eine Beratung. Aber niemand hat mir gesagt: „Sie könnten auch noch hierhin oder dorthin gehen, da hätten sie noch andere Möglichkeiten." Der Arzt hat mir gesagt, wie  groß das Kind ist. Dummerweise hatte er das Mikrofon nicht ausgestellt, so konnte man die Herztöne hören. „Und das Bild?", habe ich dann gesagt. „Das würde ich auch gerne sehen." Und da habe ich gesehen, dass es wirklich ein Kind ist, und ein Teil von mir. Mein Freund hat mir gesagt, dass er mich nicht unterstützen kann, dass ich machen soll, was ich für richtig halte. Das war schwer für mich – es gehören doch zwei dazu, schwanger zu werden. Bis zum Schluss war mir nicht klar, ob es wirklich richtig ist oder wirklich das, was ich wollte. Als ich damals sagte, gut, wir lassen es abtreiben, hat der Arzt mir ein Blatt hingeschoben, das musste ich unterschreiben, und ich habe einfach nur vor mich hin geweint. Mit dem, was ich getan habe, bin ich bis heute nicht einverstanden, weil ich etwas zerstört habe, was sich hätte entwickeln können… An der Linie im Operationssaal, wo man hinüberwechselt zur sterilen Seite, haben sie mich noch einmal gefragt: Wie heißen Sie und warum sind Sie hier? Da habe ich mir überlegt zu sagen: „Sie haben die falsche Frau, lassen Sie mich nach Hause gehen." Danach war es einfach so, dass etwas fehlte. Obwohl man nicht wirklich wusste, dass es da ist – aber es fehlte."

Teil 1: Problemlöser Abtreibung?

Helga

Helga war gerade drei Wochen mit ihrem Freund zusammen, als sie merkte, dass sie schwanger war. Sie merkte schnell, dass dies kein Mann war, auf den sie sich verlassen könnte. Helga war im Moment der Abtreibung nicht klar, ob es sich tatsächlich um einen lebenden Menschen handelt.

„Er hat damals zu mir gesagt: „Ach, das ist deine Entscheidung. Egal, wie du dich entscheidest, ich steh´ zu dir." Aber dieses „egal", das hat so in mir geklungen. Dieses „Du musst entscheiden", „Das ist dein Kind". Er hat die Entscheidung mir überlassen. Ich wollte nicht drüber nachdenken, ich wollte einfach, dass es weg ist. Da ist was, das will ich nicht und das muss weg. Da war gar kein Gedanke dran damals – ist das Leben, hab´ ich das Recht – gar nichts. Als ich bei der Beratung die Geschichte so erzählt hatte, wie das mit der Beziehung so ist, gab es gar keine Beratung mehr dahingehend, was gibt es für Möglichkeiten, das Kind großzuziehen, sondern nur die Adresse einer Abtreibungsklinik und den Hinweis, dass ich das in einem gewissen Zeitraum machen sollte, weil bis zur zwölften Woche muss das passiert sein. ... Jahre später saß ich abends im Wohnzimmer, mein Mann war auf Nachtschicht, die Kinder waren im Bett und ich zappte mich im Fernsehen durch die Kanäle. Auf einmal war eine Frau auf dem Bildschirm, eine ziemlich sozial schwache Frau, und die sagte: „Lieber eins auf dem Kissen als fünf auf dem Gewissen." Und dieser Satz, der hat mich getroffen. Diese ganzen Gefühle, die zwanzig Jahre lang tot waren, sind auf einmal aufgebrochen. Ich habe geschrieben – und ich habe das erste Mal gesagt: „Mein Kind. Mein Kind, was habe ich dir angetan?" Die Gefühle kannst du tot machen, wie du willst, sie sind aber nicht tot. Du hast es versucht, aber es ist immer da. Und wenn fünfzig Jahre ins Land gehen: Ich weiß trotzdem, wie alt mein Kind jetzt wäre, wie es jetzt aussehen könnte – immer noch. Das muss sich jede Frau bewusstmachen, das ist so. Egal, wie du zur Abtreibung stehst: Das vergisst du nicht. Das vergisst du dein Leben lang nicht."

2 Ein anderes Leben

Schließt euch in Gruppen zu viert zusammen und entscheidet euch für eine Geschichte: Judith, Martina, Monika, Danielle oder Helga.
Beantwortet folgende Fragen und fasst eure Ergebnisse für alle zusammen:

  a) *Was waren die Gründe für die Abtreibung?*
  b) *Wie hat das Umfeld reagiert (Partner, Familie, Freunde, Berater, Ärzte)?*
  c) *Wie hat die Frau auf die Schwangerschaft reagiert?*
  d) *Wie ist sie mit der Abtreibung selbst umgegangen – gleich danach, einige Zeit später?*
  e) *Was hat euch an der Geschichte überrascht oder bewegt?*

Shout your abortion – Schrei deine Abtreibung heraus

Auf der amerikanischen Webseite *shoutyourabortion.com* teilen Frauen anonym ihre Erfahrungen mit Abtreibungen. Geschichten wie diese finden sich dort:

> **34, Ich wollte nicht Mutter werden**
> Ich bin 34, mir geht es finanziell gut, ich bin in einer festen Beziehung mit einem Partner, der mich unterstützt. Wir hatten eine Verhütungspanne. Ich habe ein paar Tage gegrübelt, was für mich das Beste ist, und bin zu dem Schluss gekommen: abtreiben ist die Lösung. Ich wollte eine chemische Abtreibung, bei der man die Pillen zu Hause einnimmt, ohne dass ich nochmal untersucht werden muss. Also habe ich die Pillen online bestellt. Das war völlig ok. Ich war ein oder zwei Wochen etwas traurig und müde, und hab um das potenzielle Leben getrauert, das jetzt weg war, aber ich wusste auch, dass das für uns beide die richtige Entscheidung war. Es war eine harte Entscheidung für mich, aber sie hat mich stark gemacht und ich würde es wieder tun.

> **Wir sind mutig!**
> Ich war damals 19. Die Abtreibung selbst war schrecklich, aber sie hat mir sofort alle üblen Schwangerschaftssymptome genommen. Ich bin nach der Narkose aufgewacht und hab geweint und hatte starke Schmerzen. Ich war so neben der Spur! Ich habe schon gesehen, wie groß es war, und auch wenn ich weiß, dass es nur ein paar Zellen sind, und kein vollständig ausgebildetes Kind, musste ich trotzdem dauernd darüber nachdenken, was hätte werden können… Wäre ich eine gute Mutter? Wäre es ein Junge oder ein Mädchen gewesen? Hätte es seine oder meine Augen gehabt? Diese ganzen Gedanken haben mich gequält, obwohl ich wusste, dass es damals die richtige Entscheidung war.

> **21, Studentin**
> Ich war gerade 18 geworden, hatte die Zusage für einen Studienplatz bekommen. Das ist meine Zukunft, die geht vor. Ich bedauere nichts. Schaue heute zurück – drei Jahre später: Ich hätte keine bessere Entscheidung treffen können.

3 Besser ohne dich

a) Nennt die Beweggründe, aus denen diese Frauen sich für eine Abtreibung entschieden haben.
b) Die Webseite soll dazu dienen, Frauen die Scham über die Abtreibung zu nehmen. Diskutiert, inwieweit das funktionieren kann.
c) Scham entsteht aus dem Gefühl heraus, schuldig geworden zu sein. Ist es richtig, von Schuld zu sprechen? Und wenn ja: Wer trägt die Schuld an einer Abtreibung?

Teil 1: Problemlöser Abtreibung?

4 Worüber man wenig offen spricht...

Schaut die Infographik an und diskutiert sie im Zusammenhang mit den Geschichten, die ihr über Frauen nach Abtreibung gelesen habt. Welche Erfahrungen spiegeln sich in den Zahlen wider? Was ist gut erklärbar, was eher nicht?

Über **60 %** aller chemischen Abtreibungen wurden in den USA 2015 als „Fehlgeburten" falsch klassifiziert.

Chemische Abtreibungen führen mehr als doppelt so häufig zu schweren Komplikationen wie chirurgische Abtreibungen.

Falsche Daten = höhere Risiken

Depressive Störungen sind nach Abtreibungen signifikant erhöht.

Nach einer Abtreibung ist das Risiko für junge Frauen, ein Suchtverhalten zu entwickeln (Drogenmissbrauch, Alkohol) um **45 %** erhöht. Wird die Schwangerschaft auf andere Weise beendet, erhöht sich das Risiko um 8,7 % (Geburt) bzw. um 24 % (Fehlgeburt).

Mehr als **50 %** aller Frauen hätten sich nach der Abtreibung psychologische Begleitung gewünscht.

*Es gibt **keine** einzige Studie, die einen **positiven Effekt** von Abtreibungen auf die psychische Gesundheit von Frauen nachweist.*

Einer kanadischen Studie zufolge berichten **29,9 %** der Frauen, die abgetrieben haben, über Selbsttötungsgedanken. 23,1 % unternehmen einen Versuch, sich selbst zu töten.

Für manche ist die Abtreibung der Versuch, die Beziehung zu retten. Die negativen Gefühle nach einer Abtreibung – Bitterkeit, Ärger, Groll – können jedoch überwiegen und das Gegenteil bewirken. Bis zu 80 % der Beziehungen scheitern nach Abtreibung.

Teil 2: Männer und Abtreibung | III

Männer und Abtreibung

Hättest Du's gewusst?

In den meisten Ländern sind Abtreibungen so geregelt, dass die Entscheidung darüber einzig bei der Frau liegt. Männer haben keine Möglichkeit, ihr ungeborenes Kind vor einer Abtreibung zu bewahren. Sie haben aber auch kein Recht, ihre Partnerin zu einer Abtreibung zu zwingen.

5 Das geht Männer nichts an?

„No uterus – no opinion" - wer keine Gebärmutter hat, hat auch nichts zum Thema zu sagen. Stimmt das? Auch für Männer gibt es Fragen: Gehen Abtreibungen spurlos an ihnen vorbei? Möchten sie mehr Mitspracherecht haben – oder ist es ihnen egal, wie die Debatte läuft?

Sind die oben genannten Regeln gerechtfertigt? Diskutiert: Was spricht für, was gegen mehr Mitspracherechte der beteiligten Männer?

6 Die gleichen Rechte wie Frauen

Sie fordern gleiches Recht für alle: Der Verband der schwedischen Jungliberalen (LUF) will, dass auch Männer ein Recht auf Abtreibung haben sollten. Mit anderen Worten: Männer, die nicht Väter werden wollen, sollen das auch nicht müssen.

Marcus Nilsen von der LUF-Abteilung erklärt gegenüber »The Local«: »Konkret bedeutet das, dass Männer sich den Pflichten, aber auch den Rechten einer Vaterschaft komplett entziehen können.«
In Schweden sind Abtreibungen bis zur 18. Schwangerschaftswoche erlaubt. Männer, die sich innerhalb dieser 18 Wochen gegen das Kind entscheiden, müssten schriftlich auf ihr Vaterrecht verzichten. Im Gegenzug brauchten sie auch nie finanziell für das Kind aufkommen.

Ein Recht, Sohn oder Tochter jemals zu sehen, hat der Vater dann nicht mehr.

»Frauen wissen ja auch von Anfang an, was auf sie zukommt«

Nilsen ist überzeugt, dass die geforderte Regelung die Gleichstellung zwischen Männern und Frauen fördern würde. Schließlich sei es ja auch im Sinne der Frauen, wenn diese von Anfang an Gewissheit hätten, ob der Partner sie nun bei der Erziehung des Kindes unterstützen werde.
Die Rechte des Kindes spielten eine untergeordnete Rolle, so Nilsen. »Das ist doch nichts Neues. Es gibt schon viele Frauen, die Sperma bei einer Datenbank bestellen oder nicht wissen, von wem sie schwanger sind.«

Infos gefunden auf: https://www.20min.ch/story/schweden-fordern-recht-auf-abtreibung-fuer-maenner-900285601260

a) Welche Argumente bringt Nilsen für seinen Vorschlag vor?
b) Dieser Vorschlag wurde in den sozialen Medien heftig diskutiert. Schreibt einen kurzen Antwortkommentar.

Sei ein richtiger Mann

Es war ein totaler Schock, als meine Freundin mir erzählte, dass sie schwanger sei. Ich hatte soeben mein Psychologie-Studium begonnen und sie war im ersten Jahr der Ausbildung als Krankenschwester. Wie also sollten wir es schaffen, für unser Kind zu sorgen?
Ich fühlte mich einfach noch nicht reif genug, diese Verantwortung als zukünftiger Vater zu übernehmen. Für mich war die Sache ganz klar, dieses Kind musste weg. Meine Freundin war ein wenig hin- und hergerissen, auf der einen Seite wollte sie dieses Kind auf keinen Fall, doch ich sah, dass sie sich auch irgendwo freute.

Hoffentlich geht dieser Tag schnell vorüber

Wir hatten endlose Diskussionen, auch mit Freunden und Eltern. Überall hörte ich dasselbe: Du bist noch nicht reif genug, beende erst mal dein Studium, dann könnt ihr ja immer noch Kinder bekommen. Wir hatten uns nun beide zu einer Abtreibung entschlossen. Die letzte Nacht vor der geplanten Abtreibung plagten mich Gewissensbisse und so fuhr ich am nächsten Morgen ziemlich verstört mit meiner Freundin nach München zum Abtreibungstermin. Ich hoffte, dieser Tag würde schnell vorübergehen. Meiner Freundin ging es ähnlich, und so sprachen wir auf der gesamten Autofahrt kein einziges Wort miteinander, als würden wir zu einer Beerdigung fahren. Wir waren sehr in Eile, weil die Münchner Straßen mal wieder voller Verkehr waren. Als wir etwas verspätet in der Straße der Abtreibungsklinik ankamen, entschied meine Freundin, schon hineinzugehen, während ich einen Parkplatz suchte. Als ich einen Parkplatz gefunden hatte, machte ich mich mit unsicherem Gefühl auf den Weg zur Praxis. Schon von weitem sah ich eine junge Frau im Gespräch mit einem jungen Paar stehen, machte mir darüber aber keine Gedanken.

Stell dich deiner Verantwortung!

Das Paar lief weiter und schon ging diese hübsche junge Frau freundlich lächelnd und zielstrebig auf mich zu. Unsicher lächelte ich zurück, irgendwie war ich angesteckt von der natürlichen Freude, die sie ausstrahlte.
Es war das erste Lächeln, das ich an diesem trüben Tag sah. Sofort sprach Maria (deren Namen ich später erfuhr) mich an. Sie bot mir Hilfe an und fing an, mich über das Wachstum des Kindes im Mutterleib aufzuklären. Sie zeigte mir Bilder und betonte immer wieder, dass wir schon Eltern seien und uns der

Maria Grundberger, die junge Frau, die Lukas Vater vor der Klinik ansprach

Verantwortung stellen müssten. Ich fing an, mit ihr zu diskutieren, doch auf jedes meiner Argumente gab sie mir ein Gegenargument, welches so gut formuliert war, dass ich sie nicht provozieren konnte, sondern einsehen musste, dass sie die Wahrheit sagte.

„Ich weiß, dass ihr es schaffen könnt!"

In einer sehr liebevollen Art bat sie mich immer wieder, meine Freundin schnell herauszuholen. Ich war hin- und hergerissen und stand noch etwas unschlüssig herum. Maria sah die nächsten Leute kommen und sagte schnell zu mir: „Bitte komm, geh hoch und hol sie runter, ich weiß, dass ihr es schaffen könnt, sei ein richtiger Mann und steh zu deinem Kind, ich flehe dich an, lasst euer Baby leben, und mit jedem Lächeln wird es euch später dafür danken!" Ihre Augen füllten sich mit Tränen und sie wandte sich ab, um auf die nächsten Leute zuzugehen.

Plötzlich fing ich an zu rennen

Mir lief ein Schauer den Rücken runter. Wie konnte diese Frau um mein Kind weinen? Plötzlich fing ich an zu rennen, ich rannte in die Stapf-Klinik hinein, schrie die Frau an der Anmeldung an, wo meine Freundin sei. Die war soeben aufgerufen worden und im Behandlungszimmer. Ich rannte in das Zimmer und sah meine Freundin weinend auf dem Bett liegen. Ich schloss sie in die Arme und wusste, dass es noch nicht zu spät war. Ich sagte zu ihr, dass wir sofort die Klinik verlassen müssten, um unser Kind leben zu lassen. Sie strahlte mich an und konnte gar nicht glauben, dass ich das ernst meine. Gemeinsam verließen wir die Klinik und dankten Maria für ihre Hilfe.
Jetzt ist unser Sohn Lukas 3 Monate alt und mit jedem Lächeln denke ich voller Dankbarkeit an Maria und den Beter, der damals vor der Klinik stand, zurück, denn ich weiß, dass ohne sie unser Kind nicht leben würde.

Das medizinische Personal
7 Ins Gefängnis für Gebete?

Die Organisation „40 Days for Life" aus den USA unterhält mittlerweile in der ganzen Welt Gruppen, die zweimal im Jahr für jeweils vierzig Tage vor Abtreibungskliniken beten. Ihr Gründer, Sean Carney, berichtet von Tausenden Babys, die auf diese Weise gerettet werden konnten. Die Gegner dieser Aktionen sprechen dagegen von „Gehsteigbelästigung" und Einschüchterung. In Deutschland hat das Bundeskabinett einen Gesetzentwurf verabschiedet, der Bannmeilen rund um Abtreibungskliniken einrichtet, damit Frauen sie ungestört betreten können. In England ist es bereits verboten, sich vor einer Abtreibungsklinik aufzuhalten und still zu beten. Isabel Vaughan-Spruce wurde bereits zweimal verhaftet, weil sie auf die Frage, ob sie bete, antwortete: „Ich bete vielleicht still in meinem Kopf."

In deiner Lokalzeitung wird diskutiert: Was spricht für, was gegen Bannmeilen vor der örtlichen Abtreibungsklinik? Schreibe einen Leserbrief.

III Teil 3: Das medizinische Personal

8 … und die Ärzte?

Es gebe immer weniger Ärzte, die noch Abtreibungen durchführen wollen, so z.B. *Doctors for Choice* oder *Pro Familia*. Schuld daran sei die Stigmatisierung in der Bevölkerung, vor allem auch hervorgerufen durch die Beter und Demonstranten vor Abtreibungseinrichtungen.

a) Nutzt die Informationen aus der untenstehenden Infographik, um dazu Stellung zu nehmen.

b) Immer mehr Schwangerschaften werden zu Hause abgebrochen. Was könnten Gründe sein?

Anzahl der Geburtskliniken in Deutschland

1186 (1991)
709 (2015)
671 (2022)

Seit 1991 haben in Deutschland mehr als 40 % der Kreißsäle geschlossen.

2022 kamen in Deutschland **738.819** Kinder zur Welt – die niedrigste Zahl seit fast zehn Jahren.

Weniger Abtreibungen – weniger Abtreibungsärzte: Die Anzahl der Stellen, die Abtreibungen durchführen und dies der Bundeszentrale melden, entwickelt sich parallel zur Anzahl der Abtreibungen in Deutschland. Im Schnitt werden pro Stelle 0,2 Abtreibungen mehr pro Woche durchgeführt.

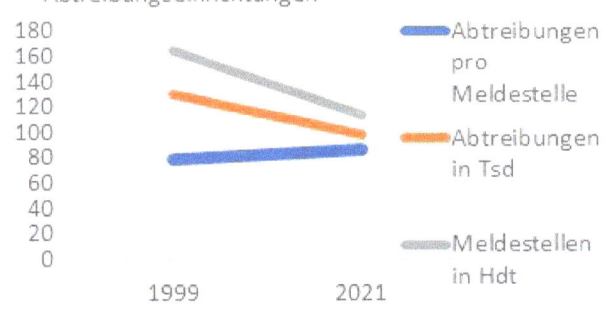

Entwicklung der Versorgung mit Abtreibungseinrichtungen (1999–2021)
- Abtreibungen pro Meldestelle
- Abtreibungen in Tsd
- Meldestellen in Hdt

32,3 % der Abtreibungen erfolgten 2022 als chemische Abtreibungen zu Hause.

Kosten einer Abtreibung:
Chirurgisch (Kürettage oder Saugaspiration): ca. 500–700 €
Chemisch (Mifepriston und Prostaglandin): ca. 350–500 €

Unplanned - ungeplant

Abby Johnson hat bereits als Studentin ehrenamtlich für Planned Parenthood *gearbeitet, um Frauen den Besuch einer Abtreibungsklinik zu erleichtern. Sie stieg innerhalb der Organisation, für die sie 8 Jahre arbeitete, zur Klinikdirektorin auf und wurde Mitarbeiterin des Jahres. Nach ihrem Ausstieg bei Planned Parenthood wurde Abby Mitglied der* Coalition for Life *und hält weltweit Vorträge über die Gründe für ihre Kehrtwende und die Arbeitsweise von* Planned Parenthood. *Die Verfilmung ihrer Biographie „Unplanned" war in den USA ein großer Kinoerfolg und in Deutschland ein DVD-Verkaufsschlager: er lag auf Platz 2 der Spiegel-Bestsellerliste.*

Meine Geschichte lässt sich nicht so einfach lesen. Ich glaube, das sollte ich der Fairness halber gleich zu Beginn sagen. Sie ist nicht bequem, aber ehrlich und wahr. Ihr seid im Begriff zu erfahren, wie ich Jahre meines Lebens an der Frontlinie zwischen Lebensrechtlern und Abtreibungsbefürwortern verbracht habe.
Auf welcher Seite, wollt ihr wissen?
Auf beiden Seiten.
Ihr werdet mich, wenn ihr dieses Buch lest, auf meiner Reise von der naiven Studentin zur Direktorin einer Abtreibungsklinik bis hin zu einer Fürsprecherin von Familien – und das schließt die ungeborenen Mitglieder dieser Familien mit ein – begleiten. Ich erzähle diese Geschichte nicht, weil ich stolz darauf bin – das bin ich nämlich keineswegs. Aber meine Denkweise und meine Entscheidungen ähneln denen von so vielen Menschen, denen ich begegnet bin. Und wenn es uns nicht gelingt, uns davon freizumachen, stets bei den anderen bestimmten Denk- und Verhaltensweisen als gesetzt zu betrachten (und uns das auch so zu wünschen!), werden wir nie diejenigen verstehen, die anderer Meinung sind als wir. Und somit auch nie in einen echten Dialog eintreten können, der schließlich zur Wahrheitsfindung führen könnte.

Leichtgläubigkeit und Zwiespalt

Ich habe mein Bestes getan, bei der Beschreibung jeder Etappe meiner Reise meinem damaligen Denken und Argumentieren treu zu bleiben – egal wie fehlerhaft, peinlich oder politisch inkorrekt dieses Denken heute auch erscheinen mag.
Ihr werdet euch vermutlich die gleichen Fragen stellen, die mir schon oft gestellt worden sind: Warst du wirklich so leichtgläubig? War da so ein Bruch zwischen deinen Werten und deinen Taten? Warst du so zwiespältig, so naiv, so dumm, so ... Ihr wisst schon, was ich meine. Meine Antwort: Ja.

Ich wollte den Frauen helfen

Ich bin auch gefragt worden, ob ich und meine Mitarbeiter bei Planned Parenthood wirklich von Mitgefühl und Zuneigung getrieben wurden, ob also unsere Motive wirklich darin lagen, den Frauen helfen und die Welt verbessern zu wollen. Auch darauf lautet meine Antwort: Ja.

Teil 3: Das medizinische Personal

Abby Johnson und Sean Carney, der Gründer der Gebetsinitiative *40 Days for Life*. Sean und seine Freunde haben regelmäßig vor der Abtreibungsklinik gebetet, deren Direktorin Abby Johnson war.

Vielen gefallen diese Antworten nicht. Das kann ich verstehen. Meine Geschichte ist nicht hübsch ordentlich, und sie kommt nicht mit schön verpackten Antworten daher. Ja, wir lieben es, unsere Gegner zu verteufeln – und das von beiden Seiten. Wie leicht nehmen wir an, dass die auf „unserer Seite" im Recht sind und weise und gut, und die auf der anderen Seite halten wir für dumme Täuscher und Verräter. Ich habe Gutes und Richtiges auf beiden Seiten gefunden – und ebenso Verrat und Täuschung. Ich habe erlebt, wie gute Absichten so verzerrt wurden, dass daraus erbärmliche Entscheidungen entstanden – und das auf beiden Seiten. Bis heute habe ich auf beiden Seiten dieser aufgeheizten Debatte Freunde. Wir alle wünschen uns eine Geschichte, die beweist, dass „unsere Seite" die richtige ist, und „deren Seite" falsch und schlecht – oder? Aber ich lege Zeugnis dafür ab, dass es auf beiden Seiten Gutes und Schlechtes, Falsches und Richtiges gibt. Wenn wir das Gute bei den Menschen auf der anderen Seite nicht sehen, das Mitleid, das selbstlose Opfer, wird es uns nie gelingen, sie durch Liebe und Großzügigkeit auf unsere Seite zu ziehen.

9 Leben nach Abtreibung – Perspektivwechsel

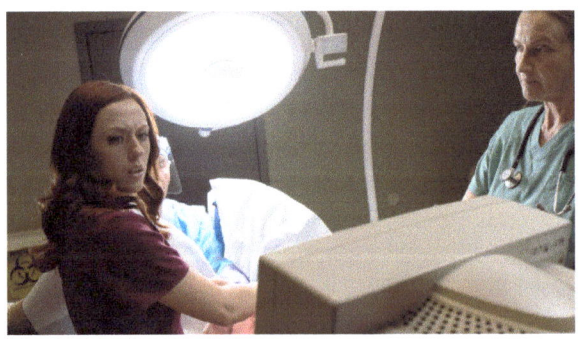

Zu einer Abtreibung gehören mehrere Personen: Die Schwangere, ihr Partner, aber auch das medizinische Personal. Abby ist als jemand, der selbst zweimal abgetrieben hat, und als Leiterin einer Abtreibungsklinik doppelt betroffen.

a) Fasse Abby Johnsons Lebensweg in eigenen Worten kurz zusammen. Warum ist er bemerkenswert?

b) Abby erklärt, dass sie auf beiden Seiten der Abtreibungsdebatte Gutes und Schlechtes vorgefunden hat. Welche Beispiele dafür nennt sie? Kannst du ihre Liste ergänzen?

c) Nenne andere Bereiche, in denen Meinungen unversöhnlich aufeinanderprallen. Wie kann es gelingen, dass Menschen aufeinander zugehen und eine gemeinsame Lösung finden?

d) Abbys Lebensgeschichte war in den USA ein großer Erfolg, in Deutschland war es nahezu unmöglich, Kinos zu finden, die ihn zeigen wollten. Was könnten hierfür die Gründe sein?

Anders als andere

In diesem Modul beschäftigen wir uns mit diesen Fragen.
Wie gehen wir mit einer vorgeburtlichen Diagnose um, die auf eine Behinderung des ungeborenen Kindes hinweist?
Was bedeutet eine solche Diagnose für das zukünftige Leben?
Wie geht die Gesellschaft mit Eltern um, die ein Kind mit einer solchen Behinderung bekommen haben?

1 **Was ist normal?**

a) Zwei Menschen, beide anders als andere: Down-Syndrom, Rollstuhl. Wer von den beiden sieht sich als „behindert"? Wen von beiden betrachten wir als „behindert"?
b) Tausche dich mit einem Partner aus: Was geht in Menschen vor, die wir als „behindert" bezeichnen?

Leben mit einem besonderen Kind

Für viele ist die Diagnose „Down-Syndrom" ein Schock. Das muss nicht sein, findet Professor Dr. Holm Schneider. In seinem Buch *Was soll aus diesem Kind bloß werden* schildert er die Lebensläufe von sieben Menschen mit Down-Syndrom. Am vergangenen Mittwoch war er zu einer Autorenlesung im Antoniusheim Fulda eingeladen.

„Grenzenlos durch den Tag – heute spielt die Inklusion keine Rolle!" Unter dieses Motto stellte der 28-jährige Andreas Sauer den vorweihnachtlichen Abend, zu dem die ALfA Fulda und das Antoniusheim eingeladen hatten und in dessen Mittelpunkt eine Lesung mit Prof. Schneider stand. Schneider ist Kinderarzt und leitet an der Universitätsklinik Erlangen eine Abteilung, die sich mit Erbkrankheiten beschäftigt. Die Freude über diesen Besucher, der aus seinem Buch *Was soll aus diesem Kind bloß werden* las, war Andreas deutlich anzumerken.

„Ich finde mich völlig normal"

Inklusion sei manchmal traurig, erklärte er: Viele erschreckten sich über Menschen mit Behinderung, dabei finde er sich als Down-Syndrom-Träger völlig normal. Zum Glück sehen das andere genauso: Andreas arbeitet als Landschaftsgärtner und ist Elferratsmitglied im Karnevalsclub. Bei einer kurzen Unterhaltung mit ihm wird schnell klar, dass die Lebensgeschichte dieses aufgeweckten jungen Mannes gut in Schneiders Buch gepasst hätte. Darin schildert er die Lebensläufe von sieben Menschen mit Down-Syndrom, deren Eltern nur zu oft den Satz gehört hatten: „Was soll aus diesem Kind bloß werden?" Zu groß war die Angst des Umfelds vor den Einschränkungen, mit denen Träger des Down-Syndroms zurechtkommen müssen: häufig kommen sie mit einem angeborenen Herzfehler zur Welt und lernen deutlich langsamer als andere Kinder.

„Sie ist ein Engel"

Auch Annas Eltern waren erschrocken, als sie mit der Diagnose Down-Syndrom konfrontiert wurden. Und konnten sich kaum vorstellen, dass sie jemals in der Lage sein würde, sich ihren Lebensunterhalt selbst zu verdienen. Anna ist einer der jungen Men-schen, von denen Schneider in seinem Buch berichtet: Sie arbeitet in einer Jugendherberge. Dort verzaubert sie mit ihrem sanften Lächeln ganze Schulklassen. „Sie ist ein Engel", sagt ihre Kollegin über sie. Böse Worte könne Anna nicht ertragen: Sie beschäftige sich damit den ganzen Tag. Also traue sich keiner mehr zu schimpfen, wenn sie da ist.

Erfolg als Schauspieler

Auch Jan musste erfahren, dass Menschen mit Down-Syndrom abgelehnt werden. Sein Vater verschwand aus Jans Leben und musste auf Zahlung des Kindesunterhalts verklagt werden. Dennoch ist Jans Biografie eine Erfolgsstory: Er ist der Star im Theater Augenblick. Geleitet von einem erfahrenen Sonderpädagogen und Regisseur verdienen sich hier zehn Schauspieler, acht davon mit geistiger Behinderung, ihren Lebensunterhalt mit ganz besonderen, einmaligen Produktionen.

Down-Syndrom: Kein Grund, nicht berufstätig zu sein.

Wie sich bei der lebhaften Fragerunde zeigte, waren die zahlreich erschienenen Zuhörer aber besonders an einer Person interessiert, von der Schneider in seinem Buch gar nicht berichtet: seiner Sekretärin, die ebenfalls das Down-Syndrom hat. Er hatte sie gegen Ratschläge seiner Kollegen („Das ist doch eine Patientin von uns, die müssen wir behandeln und nicht beschäftigen!") eingestellt. Unterstützt von einem Fachdienst, gelang ihr die Einarbeitung so gut, dass sie mittlerweile einen unbefristeten Beschäftigungsvertrag hat.

Inklusion oder Selektion?

Fünf Fragen an Professor Schneider

Viele Menschen haben Schwierigkeiten, den richtigen Umgang mit Menschen mit Behinderung zu finden. Woran liegt das?

Prof. Schneider: Viele von uns treffen im Alltag selten auf Menschen mit einem offensichtlichen Handicap, weil diese oft besondere Kindergärten und Schulen besuchen, später dann in besonderen Einrichtungen wohnen und arbeiten, also schon früh sozusagen in einer eigenen Welt leben. So fehlt vielen Menschen die Übung im Umgang mit ihnen – man ist verunsichert, weiß nicht genau, ob man Hilfe anbieten soll oder nicht. Zudem erinnern uns Menschen, deren Grenzen sichtbar sind, auch an unsere eigene Schwäche, daran, dass jeder Mensch auf andere angewiesen ist, dass niemand alles alleine schafft. Es fällt uns nicht immer leicht, sich damit auseinander zu setzen.

Prof. Holm Schneider

Hat sich Ihrer Ansicht nach daran etwas geändert?

Inklusion ist das Gegenteil von Ausgrenzung. Vielerorts ist ein Bemühen um Chancengleichheit für Menschen mit Behinderung erkennbar: in Schulen, Vereinen, sogar auf dem ersten Arbeitsmarkt. Die Familien meiner Patienten finden heute Möglichkeiten vor, um die andere vor zehn Jahren noch mit ganzem Einsatz kämpfen mussten. Die Richtung, die da eingeschlagen wurde stimmt, aber der Weg zur Inklusion ist noch weit.

Wo sehen Sie denn Defizite?

Da, wo man meint, dies lasse sich von außen durch Anordnungen bewirken. Das geht fast immer schief. Inklusion beginnt im Kopf, nicht auf dem Papier. Erst sollten wir die Bilder von Behinderung in unseren Köpfen korrigieren. Jeder von uns kann jederzeit zum Behinderten werden. Kaum jemand wird ein Leben lang gesund sein. Krankheiten und Handicaps gehören zum Leben einfach dazu, manchmal schon von Anfang an.

Menschen mit Down-Syndrom wird eine besonders liebenswürdige Ausstrahlung nachgesagt, sie gelten als offen für andere, ansteckend fröhlich, warmherzig und aufgeschlossen: Können Sie diese Erfahrungen bestätigen?

Ich kenne viele Kinder und junge Erwachsene mit Down-Syndrom – ganz unterschiedliche Menschen, meist mit dem von Ihnen beschriebenen sonnigen Gemüt und besonderen Gaben. Zwar geht bei ihnen alles etwas langsamer, aber das ist nicht immer schlecht. Die alltäglichen Einschränkungen sind unterschiedlich groß. Mathematik etwa überlassen sie gern anderen. Aber das tun auch viele Menschen mit normalem Chromosomensatz. Ich kenne junge Leute mit Down-Syndrom, die mit unglaublicher Energie und Hartnäckigkeit ihren eigenen Weg gegangen sind, so wie ich sie in meinem Buch beschrieben habe. Den Anstoß dazu gab eine junge Frau mit Down-Syndrom, die seit zwei Jahren als Sekretärin bei mir arbeitet. Sie hat eine normale Hauptschule besucht, die Berufsschulstufe einer Förderschule abgeschlossen und sich dann hartnäckig um einen Arbeitsplatz beworben – so landete ihre Bewerbung auf meinem Schreibtisch.

Was raten Sie Eltern, die mit dieser vorgeburtlichen Diagnose für ihr Kind konfrontiert werden?

Ich spreche oft mit Schwangeren, die wegen Hinweisen auf das Down-Syndrom bei ihrem Baby voller Angst sind. Als Vater wie als Arzt verstehe ich den Wunsch nach gesunden Kindern. Der ist völlig legitim. Ich weiß aber auch, dass es kein Recht darauf gibt und kein Test auf der Welt ein gesundes Kind garantieren kann. Also versuche ich betroffenen Eltern zu erklären, was die Diagnose bedeutet, biete an, Kontakte zu Familien herzustellen, in denen Kinder mit Down-Syndrom leben, und sage ihnen, dass sie mit diesem Kind wahrscheinlich nicht weniger Freude haben werden als mit einem anderen. Das haben mir viele Eltern später berichtet.

2 Anders – besonders?

a) *Listet die Einschränkungen und besonderen Fähigkeiten auf, die Menschen mit Down-Syndrom kennzeichnen. Was ist überraschend?*

b) *Wie inklusiv ist eure Gemeinde / eure Schule? Wie kann man dazu beitragen, Menschen mit Behinderungen besser in unsere Gesellschaft zu integrieren?*

c) *Eine Zeitschrift titelte 2021: „Es ist in Deutschland leichter, ein Kind mit Behinderung abzutreiben, als einen Baum zu fällen". Diskutiert diese Schlagzeile.*

Hättest Du's gewusst?

Welt-Down-Syndrom-Tag

Der Welt-Down-Syndrom-Tag (WDST) wird jährlich am 21.3. begangen. Das Datum greift symbolisch die Tatsache auf, dass bei Personen mit Down-Syndrom das Chromosom Nr. 21 dreimal vorkommt. Am 10.11.2011 haben die Vereinten Nationen den 21. März zum Welttag der Menschen mit Down-Syndrom erklärt, seit dem 21. März 2012 wird er offiziell weltweit begangen. Dieser Tag will die vielen unterschiedlichen Anliegen von Menschen mit Down-Syndrom einer breiten Öffentlichkeit bekannt machen.

Als sichtbares Zeichen dafür tragen viele Menschen an diesem Tag zwei unterschiedliche Socken – an den Fersen zusammengelegte Socken sehen aus wie ein Chromosom, die bunten Farben sollen die Schönheit einer bunten und vielfältigen Gesellschaft zeigen. Auch bekannte Künstler wie der britische Musiker Sting haben sich schon an Aktionen zum WDST beteiligt – hört euch doch einmal den Song „The Hiring Chain" im Internet dazu an!

Das solltest Du wissen

3 Stirbt das Down-Syndrom aus?

a) In vielen Ländern sinkt die Zahl der Kinder mit Down-Syndrom kontinuierlich. Erläutert anhand dieser Infographik die Gründe dafür.

b) Welche Folgen hat es für eine Gesellschaft, wenn sie Selektion statt Inklusion betreibt?

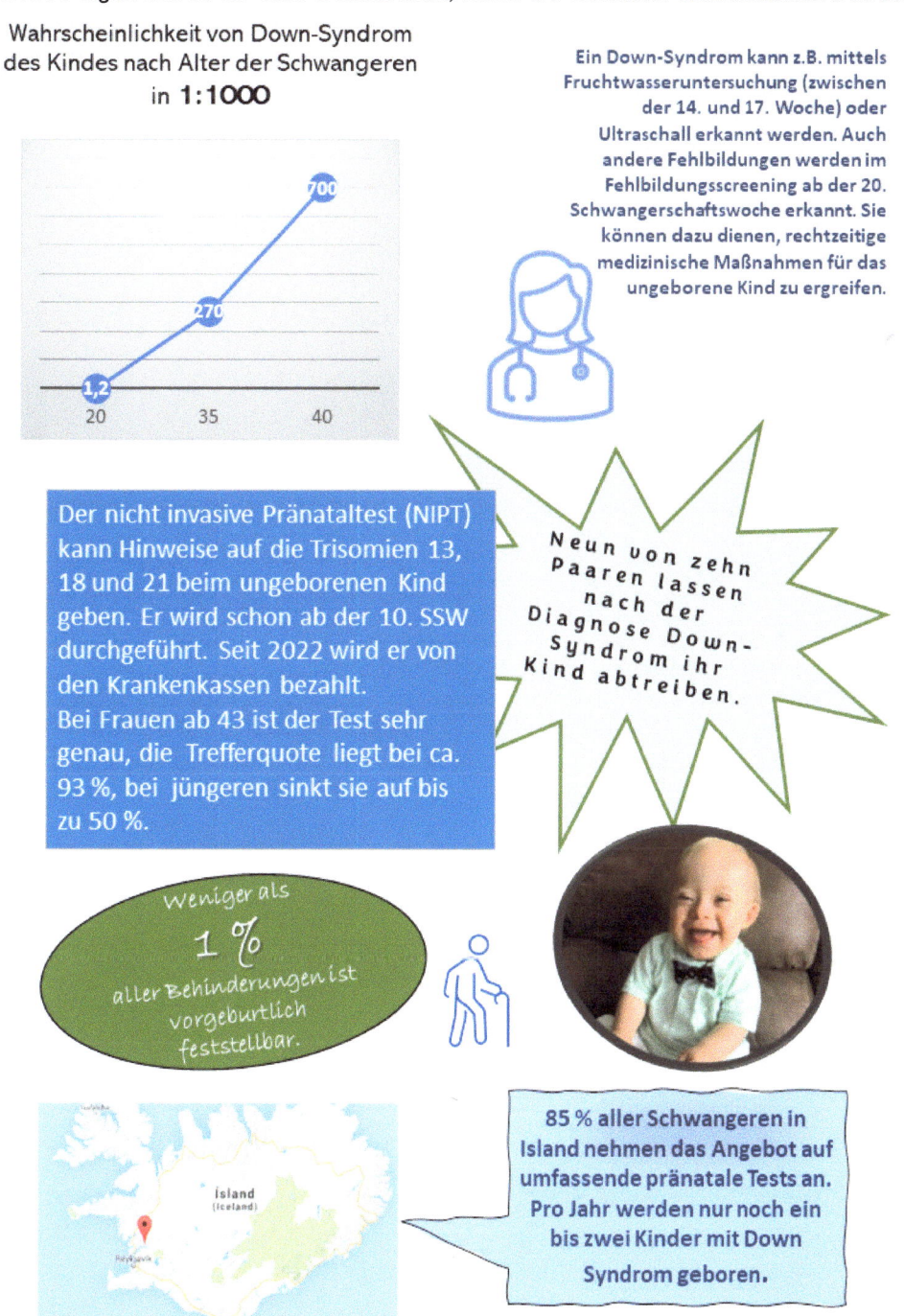

Anhang Teil 1: Die Rechtslage in Deutschland

Strafgesetz und Lebensrecht
(Stand Februar 2024)

Grundgesetz der Bundesrepublik Deutschland

Artikel 1

(1) Die Würde des Menschen ist unantastbar. Sie zu achten und zu schützen ist Verpflichtung aller staatlichen Gewalt.
(2) Jeder hat das Recht auf die freie Entfaltung seiner Persönlichkeit, soweit er nicht die Rechte anderer verletzt und nicht gegen die verfassungsmäßige Ordnung oder das Sittengesetz verstößt.
(3) Jeder hat das Recht auf Leben und körperliche Unversehrtheit. Die Freiheit der Person ist unverletzlich. In diese Rechte darf nur auf Grund eines Gesetzes eingegriffen werden.

Strafgesetzbuch

§ 218 StGB: Schwangerschaftsabbruch

(1) Wer eine Schwangerschaft abbricht, wird mit Freiheitsstrafe bis zu drei Jahren oder mit Geldstrafe bestraft. Handlungen, deren Wirkung vor Abschluss der Einnistung des befruchteten Eies in der Gebärmutter eintritt, gelten nicht als Schwangerschaftsabbruch im Sinne dieses Gesetzes.
(2) In besonders schweren Fällen ist die Strafe Freiheitsstrafe von sechs Monaten bis zu fünf Jahren. Ein besonders schwerer Fall liegt in der Regel vor, wenn der Täter
1. gegen den Willen der Schwangeren handelt oder
2. leichtfertig die Gefahr des Todes oder einer schweren Gesundheitsschädigung der Schwangeren verursacht.
(3) Begeht die Schwangere die Tat, so ist die Strafe Freiheitsstrafe bis zu einem Jahr oder Geldstrafe.
(4) Der Versuch ist strafbar. Die Schwangere wird nicht wegen Versuchs bestraft.

§ 218a: Straflosigkeit des Schwangerschaftsabbruchs

(1) Der Tatbestand des § 218 ist nicht verwirklicht, wenn die Schwangere den Schwangerschaftsabbruch verlangt und dem Arzt durch eine Bescheinigung nach § 219 Abs. 2 Satz 2 nachgewiesen hat, dass sie sich mindestens drei Tage vor dem Eingriff hat beraten lassen, der Schwangerschaftsabbruch von einem Arzt vorgenommen wird und seit der Empfängnis nicht mehr als zwölf Wochen vergangen sind.
(2) Der mit Einwilligung der Schwangeren von einem Arzt vorgenommene Schwangerschaftsabbruch ist nicht rechtswidrig, wenn der Abbruch der Schwangerschaft unter Berücksichtigung der gegenwärtigen und zukünftigen Lebensverhältnisse der Schwangeren nach ärztlicher Erkenntnis angezeigt ist, um eine Gefahr für das Leben oder die Gefahr einer schwerwiegenden Beeinträchtigung des körperlichen oder seelischen Gesundheitszustandes der Schwangeren abzuwenden, und die Gefahr nicht auf eine andere für sie zumutbare Weise abgewendet werden kann.

(3) Die Voraussetzungen des Absatzes 2 gelten bei einem Schwangerschaftsabbruch, der mit Einwilligung der Schwangeren von einem Arzt vorgenommen wird, auch als erfüllt, wenn nach ärztlicher Erkenntnis an der Schwangeren eine rechtswidrige Tat nach den §§ 176 bis 179 des Strafgesetzbuches begangen worden ist, dringende Gründe für die Annahme sprechen, dass die Schwangerschaft auf der Tat beruht, und seit der Empfängnis nicht mehr als zwölf Wochen vergangen sind.

(4) Die Schwangere ist nicht nach § 218 strafbar, wenn der Schwangerschaftsabbruch nach Beratung (§ 219) von einem Arzt vorgenommen worden ist und seit der Empfängnis nicht mehr als zweiundzwanzig Wochen verstrichen sind. Das Gericht kann von Strafe nach § 218 absehen, wenn die Schwangere sich zur Zeit des Eingriffs in besonderer Bedrängnis befunden hat.

§ 219 Beratung der Schwangeren in einer Not- und Konfliktlage

(1) Die Beratung dient dem Schutz des ungeborenen Lebens. Sie hat sich von dem Bemühen leiten zu lassen, die Frau zur Fortsetzung der Schwangerschaft zu ermutigen und ihr Perspektiven für ein Leben mit dem Kind zu eröffnen; sie soll ihr helfen, eine verantwortliche und gewissenhafte Entscheidung zu treffen. Dabei muss der Frau bewusst sein, dass das Ungeborene in jedem Stadium der Schwangerschaft auch ihr gegenüber ein eigenes Recht auf Leben hat und dass deshalb nach der Rechtsordnung ein Schwangerschaftsabbruch nur in Ausnahmesituationen in Betracht kommen kann, wenn der Frau durch das Austragen des Kindes eine Belastung erwächst, die so schwer und außergewöhnlich ist, dass sie die zumutbare Opfergrenze übersteigt. Die Beratung soll durch Rat und Hilfe dazu beitragen, die in Zusammenhang mit der Schwangerschaft bestehende Konfliktlage zu bewältigen und einer Notlage abzuhelfen. Das Nähere regelt das Schwangerschaftskonfliktgesetz.

(2) Die Beratung hat nach dem Schwangerschaftskonfliktgesetz durch eine anerkannte Schwangerschaftskonfliktberatungsstelle zu erfolgen. Die Beratungsstelle hat der Schwangeren nach Abschluss der Beratung hierüber eine mit dem Datum des letzten Beratungsgesprächs und dem Namen der Schwangeren versehene Bescheinigung nach Maßgabe des Schwangerschaftskonfliktgesetzes auszustellen. Der Arzt, der den Abbruch der Schwangerschaft vornimmt, ist als Berater ausgeschlossen.

§ 219a Werbung für den Abbruch der Schwangerschaft (weggefallen)

Schwangerschaftskonfliktgesetz

Abschnitt 2: Schwangerschaftskonfliktberatung
§ 5 Inhalt der Schwangerschaftskonfliktberatung

(1) Die nach § 219 des Strafgesetzbuches notwendige Beratung ist ergebnisoffen zu führen. Sie geht von der Verantwortung der Frau aus. Die Beratung soll ermutigen und Verständnis wecken, nicht belehren oder bevormunden. Die Schwangerschaftskonfliktberatung dient dem Schutz des ungeborenen Lebens.

Informationen über die staatlichen Leistungen für Schwangere und Eltern (Stand Februar 2024)

Angesichts knapper werdender Kassen und wechselnder Priorisierungen in der Politik ändern sich auch verhältnismäßig schnell die finanziellen Förderungen für junge Familien und die Summen, die zur Verfügung gestellt werden.

Die hier folgende Übersicht gibt daher einen groben Anhalt, aber keine rechtssichere Auskunft. Aktuelle Zahlen und Fakten können hier gefunden werden:

https://familienportal.de/familienportal/familienleistungen/staatliche-leistungen-fuer-familien-138196

Ebenfalls hilfreich die verschiedenen Bürgergeldrechner, so z.B.:
https://www.caritasnet.de/das-steht-dir-zu/arbeit/alg2/rechner/

Übersicht
1. Elterngeld
2. Mutterschaftsgeld
3. Bürgergeld
4. Unterhaltsvorschuss
5. Kindergeld
6. Kinderzuschlag
7. Wohngeld
8. Bundesstiftung Mutter und Kind – Schutz des ungeborenen Lebens

1. Elterngeld

Als Mutter oder Vater können Sie unter folgenden Voraussetzungen Elterngeld bekommen:
Sie betreuen und erziehen Ihr Kind selbst.
Sie leben mit Ihrem Kind in einem gemeinsamen Haushalt.
Sie leben in Deutschland.
Sie arbeiten gar nicht oder nicht mehr als 32 Stunden pro Woche. Je nach Einkommen vor Geburt des Kindes beträgt das Elterngeld höchstens 1.800 Euro monatlich, mindestens 300 Euro.
Basiselterngeld kann für bis zu 12 Lebensmonate des Kindes gezahlt werden, Hinzu kommen die Varianten ElterngeldPlus und Partnerschaftsbonus. Da alles sehr kompliziert ist, gibt es einen Elterngeldplaner und -rechner:
https://familienportal.de/familienportal/meta/egr

2. Mutterschaftsgeld

Das Mutterschaftsgeld wird von den gesetzlichen Krankenkassen während der Schutzfristen vor (6 Wochen) und nach (8 Wochen) der Entbindung gezahlt. Voraussetzungen dafür sind u.a. ein bestehendes Arbeitsverhältnis, aber auch Frauen, die während der bestehenden Schwangerschaft zulässig gekündigt werden, erhalten Mutterschaftsgeld.
Auch Frauen, die in keinem Arbeitsverhältnis stehen, aber gesetzlich krankenversichert sind mit Anspruch auf Krankengeld, das sind z.B. Studentinnen mit sozialabgabepflichtigem Job (z.B. Mini- oder Midijob, der Arbeitgeber zahlt einen Beitrag zu den Sozialversicherungen) erhalten Mutterschaftsgeld.
Maßgeblich für die Höhe sind die letzten 3 Monate vor Beginn der Schutzfrist.
Rechtsgrundlage: Mutterschutzgesetz

Beantragt wird das Mutterschaftsgeld bei den Krankenkassen. Nähere Informationen:
https://familienportal.de/familienportal/familienleistungen/mutterschaftsleistungen

3. Bürgergeld

Allein Erziehende / Singles	563 Euro
Volljährige in Bedarfsgemeinschaft	506 Euro
Kinder unter 5 Jahren	357 Euro
Kinder unter 14 Jahren	390 Euro
Kinder ab 14 Jahren	471 Euro

monatlich jeweils zuzüglich:
- Mehrbedarf für Schwangerschaft ab der 13.Woche, 17 % von der Regelleistung.
- Kosten aufwendiger Ernährung, die Höhe wird krankheitsbedingt festgelegt.
- Alleinerziehung, unterscheidet sich nach Alter und Anzahl der Kinder.
- Behinderung, für den Einzelfall muss die Höhe nachgefragt werden.

Auch hier hilft der Bürgergeldrechner bei der Ermittlung des tatsächlich zu zahlenden Betrags.

Außerdem folgende einmalige Leistungen:

- Erstausstattung für Bekleidung und die erste Wohnung (Möbel, einschließlich Haushaltsgeräte), ca. 1000 Euro
- Erstausstattung für Schwangerschaft und Geburt,
  Bei der Erstausstattung für Schwangerschaft und Geburt gibt es einen festgelegten Pauschalbetrag, der sich regional erheblich unterscheidet. Die hier genannten Beträge können also nur durchschnittliche Werte wiedergeben.
- Geld für Schwangerschaftsbekleidung, Erstausstattung, Kinderbett und Kinderwagen können beantragt werden.
- Klassenfahrten

- 116 Euro Schulstarterpaket zum Schuljahresbeginn, 58 Euro zum Halbjahr pro Schulkind (Stand Februar 2024)

Zu beantragen bei den Arbeitsgemeinschaften (Job-Center der Agentur für Arbeit und Kommune).

4. Unterhaltsvorschuss

Alleinerziehende, die keinen oder einen zu geringen Unterhalt für Ihre Kinder bekommen, können einen Unterhaltsvorschuss erhalten.
Unterhaltsvorschuss gibt es längstens bis zum 18. Lebensjahr. Es gibt keine Einkommensgrenzen der Eltern.
Die Höhe des Unterhaltsvorschusses beträgt (Stand Februar 2024):

für Kinder bis zu 5 Jahren: 230 Euro monatlich,
für Kinder von 6 Jahren bis 11 Jahren: 301 Euro monatlich,
für Kinder von 12 Jahren bis 17 Jahren: 395 Euro monatlich.
Zu beantragen ist der Unterhaltsvorschuss bei den Jugendämtern.
Mehr Informationen unter:
https://familienportal.de/familienportal/familienleistungen/unterhaltsvorschuss

5. Kindergeld

Das Kindergeld beträgt für jedes Kind 250 Euro (Stand Februar 2024). Nähere Informationen gibt es hier:
https://www.arbeitsagentur.de/familie-und-kinder/infos-rund-um-kindergeld/kindergeld-anspruch-hoehe-dauer

6. Kinderzuschlag

Wenn das Einkommen nicht für die ganze Familie reicht, können Eltern beziehungsweise Erziehungsberechtigte zusätzlich zum Kindergeld den Kinderzuschlag (umgangssprachlich: Kindergeldzuschlag) erhalten. Der Antrag auf Kinderzuschlag muss jedoch gesondert bei der Familienkasse gestellt werden.
In der Regel wird Kinderzuschlag für 6 Monate gezahlt. Ist der Bewilligungszeitraum abgelaufen, muss neu beantragt werden.
Anspruch auf Kinderzuschlag hat, wer bestimmte Voraussetzungen erfüllt – ausschlaggebend sind z.B. Einkommen, erhebliches Vermögen und weitere Kinder.
Informationen und Beantragung des Kinderzuschlags bei der Familienkasse bei der Agentur für Arbeit. https://www.arbeitsagentur.de/familie-und-kinder/kinderzuschlag-verstehen/kinderzuschlag-anspruch-hoehe-dauer

7. Wohngeld

Wohngeld ist ein staatlicher Zuschuss zu den Kosten für Wohnraum. Der Anspruch auf Wohngeld hängt von drei Faktoren ab, nämlich:
der Zahl der zum Haushalt rechnenden Familienmitglieder
der Höhe des anrechenbaren Gesamteinkommens und
der Höhe der berücksichtigungsfähigen Miete oder Belastung
Ob und in welcher Höhe ein Anspruch besteht, hängt ab vom Gesamteinkommen, der Zahl der Familienmitglieder im Haushalt und der Höhe der zuschussfähigen Miete.
Empfänger von Transferleistungen (z.B. Bürgergeld) sind vom Wohngeld ausgeschlossen, da bei deren Berechnung die Kosten der Unterkunft bereits berücksichtigt sind.
Jedes Kind erhöht das Wohngeld.
Kindergeld und Kindergeldzuschlag, sowie das Elterngeld bis zu einer Höhe von 300 Euro, bleiben bei der wohngeldrechtlichen Einkommensermittlung unberücksichtigt! Das heißt, diese Leistungen erhöhen nicht das Gesamteinkommen und mindern nicht das Wohngeld.
Zu beantragen bei der Wohngeldstelle der Gemeinde-, Kreis- oder Stadtverwaltung.

8. Bundesstiftung Mutter und Kind – Schutz des ungeborenen Lebens

Die Bundesstiftung wurde gegründet, um schwangeren Frauen in Notlagen zu helfen. Es bestehen **keine Rechtsansprüche**.
Der Einzelfall wird genau betrachtet und die Hilfe der individuellen Notlage angepasst. Kinderwagen werden finanziert, aber auch die Renovierung der Wohnung durch Pilzbefall kann bezahlt werden. Die Auszahlungsbeträge reichen bundesweit von 200 Euro bis in Ausnahmefällen über 1.200 Euro.
Die Leistung der Stiftung wird nicht auf andere Sozialleistungen angerechnet.
Beantragt wird die Hilfe bei den örtlichen staatlich anerkannten Schwangerschaftsberatungsstellen oder bei den Stadt- und Landkreisverwaltungen.
Für weitere Hinweise und Informationen können folgende Seiten empfohlen werden:
www.bmfsfj.de **und** www.familien-wegweiser.de **vom Bundesministerium für Familie, Senioren, Frauen und Jugend.**

Nicht-staatliche Hilfsangebote – online und offline

Hotline:

vitaL – Es gibt Alternativen: 24-stündig besetztes Notruftelefon für Schwangere und Angehörige; kostenlose Rufnummer **0800 / 36 999 63.** Informationen und Beratung über E-Mail unter: **www.vita-l.de**

Babypaten der Aktion Lebensrecht für Alle (www.alfa-ev.de)

Bei der ALfA bieten wir mehr als nur die übliche Beratung. Wir haben ein spezielles Babypatenprogramm aufgebaut, um Ihnen die Entscheidung für Ihr Kind zu erleichtern.

Sprechen Sie uns an, wenn die momentane Lebenssituation schwierig erscheint. Oft sehen Probleme für eine junge Familie oder eine einzelne Person umwerfend aus, zusammen mit vielen Gleichgesinnten lässt sich aber manches leichter bewältigen. Wir von der ALfA konnten bereits oft Müttern und ihren Familien helfen und vielleicht können wir auch Ihnen durch unser Patenschaftsprogramm wieder eine Perspektive aufzeigen.

Hilfen in Notsituationen
Wenn eine schwierige Situation glaubhaft gemacht werden kann, helfen wir Ihnen gern und unbürokratisch. Auch in sehr schwierigen Situationen können wir Ihnen helfen.

Hilfen auf dem Weg zur passenden Wohnung.
Eine ähnliche Situation könnte die Kaution für die größere Wohnung sein. Wenn zwischen der Rückerstattung der einen Kaution und der Zahlung der Kaution für die neue Wohnung ein zu großer Zeitraum liegt, strecken wir Ihnen diese Kaution gerne vor.

Hilfen für das Neugeborene
Auch bei der Erstausstattung für das Neugeborene oder Kinderkleidung können wir behilflich sein. Wir helfen selbst oder durch unsere Partnerorganisationen.
Hilfen zum Lebensunterhalt
Wenn die Voraussetzungen gegeben sind und ein Bedarf nachgewiesen wird, helfen wir aber auch mit einer monatlichen Zahlung bis zur Geburt, maximal bis zum 3. Geburtstag Ihres Kindes.

Hilfen im täglichen Leben

Patin für 9 Monate
Oft ist es nicht das Geld, die kleine Wohnung, die fehlende Babyausstattung, sondern die fehlende Freundin / Mama / Oma /Tante, die einfach mal da ist, zuhört und vielleicht ein bisschen hilft. Die ALfA hat eigens geschulte Patinnen, die im ganzen Bundesgebiet aktiv sind. Jede Frau, die sich in Not an die ALfA wendet, kann eine solche Patin schnell, unbürokratisch und kostenlos zur Seite gestellt bekommen. Die Patinnen arbeiten ehrenamtlich, ihre Versicherung und Ausbildung sowie mögliche Auslagen finanziert die ALfA.
Die Patinnen sind erreichbar über die Telefonnummer der ALfA (0821 512031), per E-Mail: info@patin-fuer-9-monate.de Webseite: https://www.patin-fuer-9-monate.de/

Weitere Kontaktadressen:

Aktion Lebensrecht für Alle
ALfA e.V.
Kitzenmarkt 20
86150 Augsburg
0821/512031
www.alfa-ev.de
info@alfa-ev.de

Weißes Kreuz e. V. Bundeszentrale
Sexualethik und Seelsorge
34292 Ahnatal bei Kassel
Tel. 05609-8399-0 www.weisses-kreuz.de

Schwangerenfonds „Kultur des Lebens"
59872 Meschede
Tel. 0291-2261 www.ja-zum-leben.de
Träger: Stiftung Ja zum Leben

Eine umfangreiche Liste an Einrichtungen, die im Schwangerschaftskonflikt helfend und beratend zur Seite stehen, nach Postleitzahlenbereichen sortiert findet sich hier:
http://www.tclrg.de/adressen/

Vor Ort-Hilfen (nach PLZ sortiert), spezielle Adressen und Fachberatungen, wie z.B. für seltene Krankheiten, die in der Schwangerschaft diagnostiziert werden, anonyme Geburt, Mutter-Kind-Häuser etc. können zudem über die vita-L Hotline **0800 / 36 999 63** erfragt werden.

Quellen

Fotos:

Umschlagseite: Shutterstock
S. 3: GetYourFit2015
S. 4: amr / Pixabay / Ejup Lila / Pixabay
S. 5: Gerhard / Pixabay
S. 7: Bob Dmyt / Pixabay / unbekannter Autor / Pixabay
S. 8: S. 9: Pixabay
S. 11: Life Issues Institute
S. 13: Microsoft
S. 16: Shutterstock
S. 17: Pexels
S. 21: Shutterstock
S. 24: pxhere.com/no
S. 28: Pexels / Grundberger
S. 29: Pixabay
S. 30: unplannedfilm.com
S. 32: 40daysforlife / unplannedfilm.com
S. 33: Wannapik
S. 34: moodboard/Corbis
S. 35: Holm Schneider
S. 36: Freepik
S. 37: Freepik
Illustrationen:
Avatarmaker / Microsoft Illustrations

Texte:

S. 32: Abby Johnson: Unplanned: The dramatic true story of a former Planned Parenthood leader's eye-opening journey across the life line. Tyndale House Publishers, 2011, S. ix-x. Übersetzung von Cornelia Kaminski.

Quellen zu Infographiken:

S. 20:
Lawrence B. Finer, Lori F. Frohwirth, Lindsay A. Dauphine. Reasons U.S. Women Have Abortions: Quantitative and Qualitative Perspectives. In: Perspectives on sexual and reproductive health. Vol 37, 2005
Cornelia Kaminski: Tod durch Abtreibung: Mythen und Fakten. Die Tagespost, 8.7.2019
Florian Dienerowitz: Die Gründe für den Schwangerschaftskonflikt im Kontext des Diskurses um den Schwangerschaftsabbruch. Eine medizinethische und medizinrechtliche Zwischenbilanz nach über 25 Jahren der Anwendung des 1995 reformierten § 218 StGB. Heidelberg, 2022
Statistisches Bundesamt

S. 26:
Susanne Kummer: Schwangerschaftsabbruch: Abtreibungspille erhöht Gesundheitsrisiken für Frauen. https://www.imabe.org/bioethikaktuell/einzelansicht/schwangerschaftsabbruch-abtreibungspille-erhoeht-gesundheitsrisiken-fuer-frauen.
Pedersen, W. (2008). Abortion and depression: A population-based longitudinal study of young women. Scand J Public Health, 2008 Jun; 36(4):424-8
David Reardon et al.: Deaths associated with pregnancy outcome: a record linkage study of low income women. South Med J., 2002 Aug;95(8):834-41.

S. 30:
Bundesamt für Statistik
https://klinikradar.de/geburt/kliniken/
Matthias David, Klaus-Dieter Werneck: Ausgewählte Versorgungsdaten zum Schwangerschaftsabbruch in Deutschland. Eine Auswertung für die Jahre 2011 bis 2020. Frauenarzt 10 (2022), 656-660.